amüsieren

50 Ungeheure Kraft demonstrieren

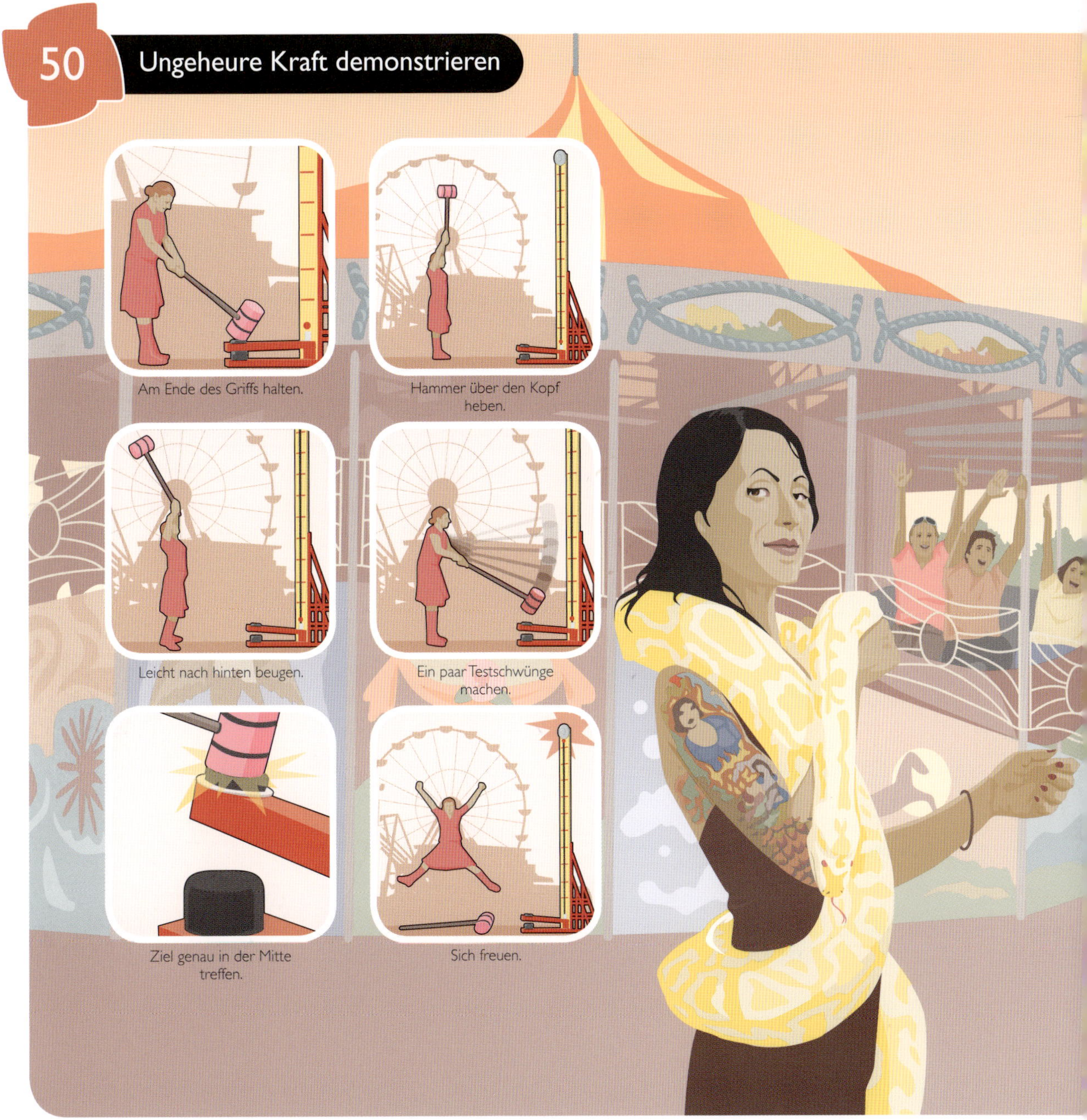

51 Beim Münzenwerfen gewinnen

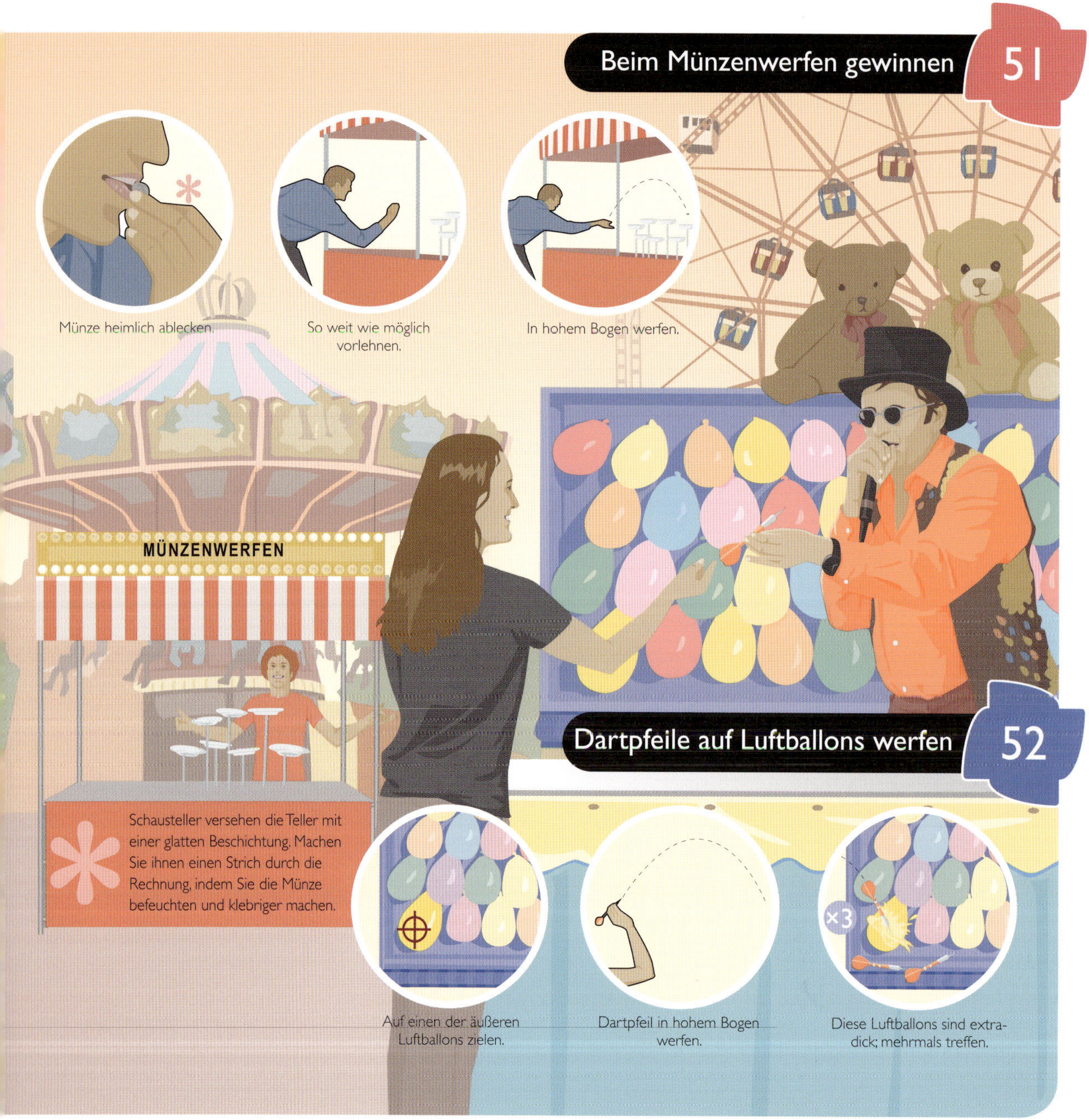

Münze heimlich ablecken.

So weit wie möglich vorlehnen.

In hohem Bogen werfen.

Schausteller versehen die Teller mit einer glatten Beschichtung. Machen Sie ihnen einen Strich durch die Rechnung, indem Sie die Münze befeuchten und klebriger machen.

52 Dartpfeile auf Luftballons werfen

Auf einen der äußeren Luftballons zielen.

Dartpfeil in hohem Bogen werfen.

Diese Luftballons sind extradick; mehrmals treffen.

53 Kugelschreiberarmbrust

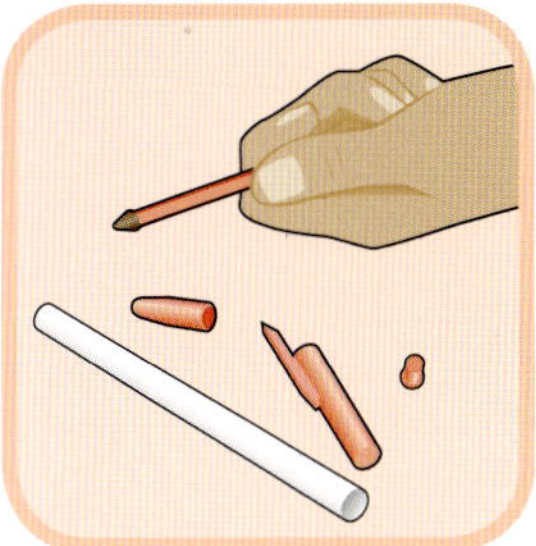

Kugelschreiber zerlegen.

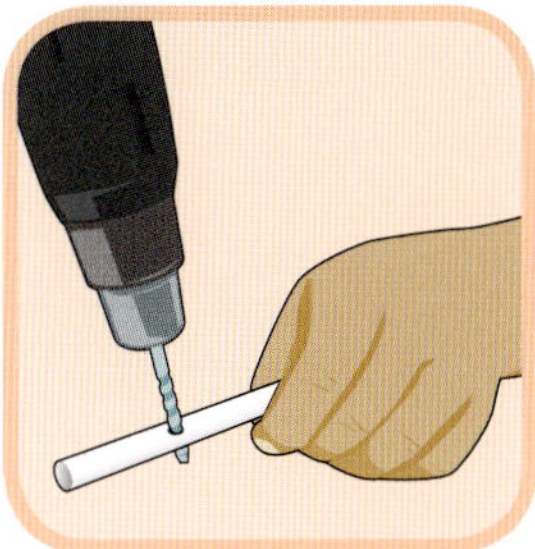

In der Mitte des Rohrs ein Loch bohren.

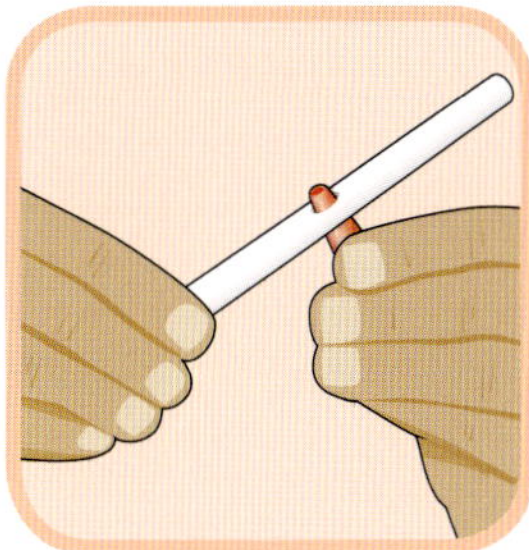

Kugelschreiberspitze durchstoßen.

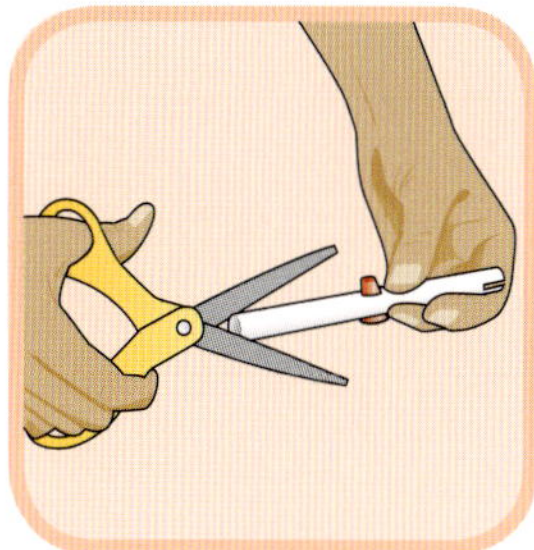

An den Enden einkerben.

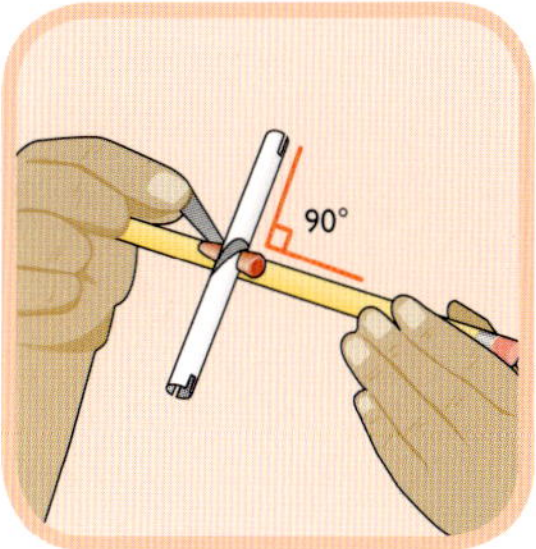

Bleistift befestigen.

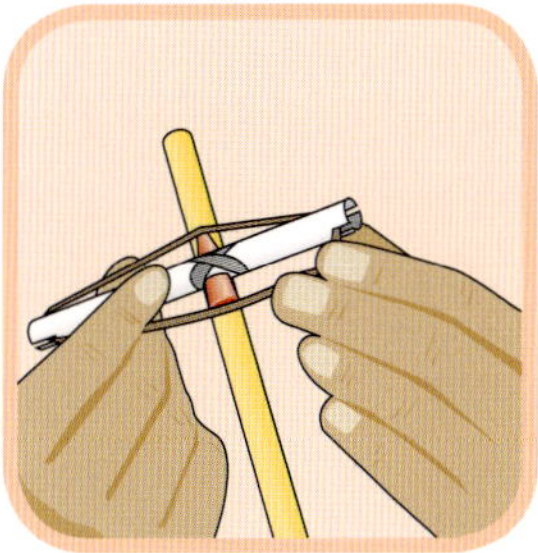

Gummiband in die Kerben schieben.

Wäscheklammer mit Klebeband befestigen.

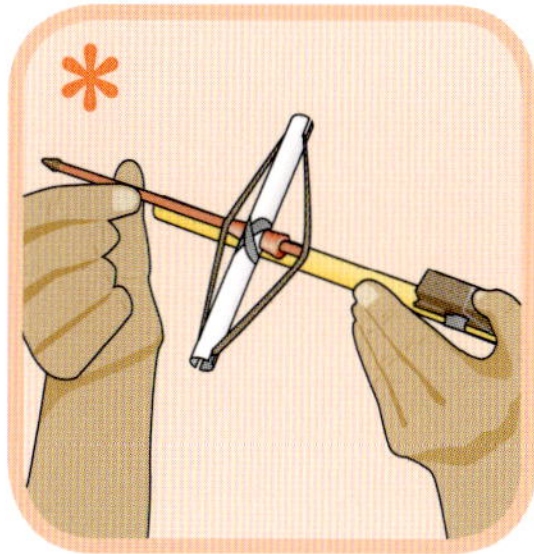

* Kugelschreibermine in die Wäscheklammer klemmen.

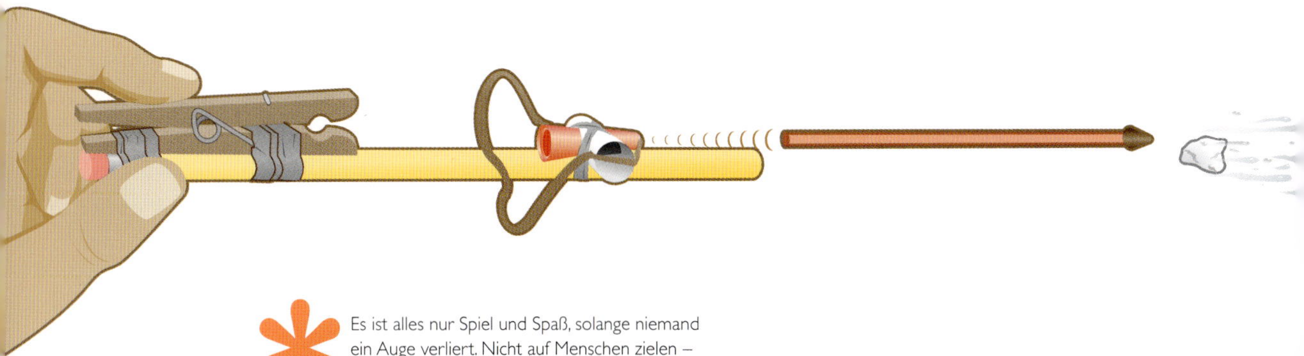

* Es ist alles nur Spiel und Spaß, solange niemand ein Auge verliert. Nicht auf Menschen zielen – das Geschoss ist gefährlich spitz!

Raketen-Spuckekugeln 54

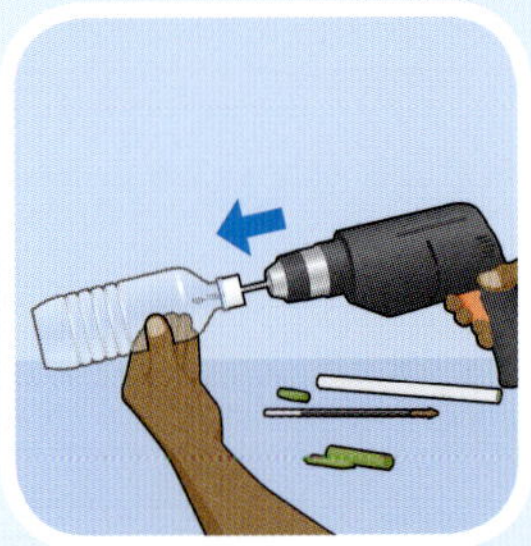

Kugelschreiber zerlegen; Loch bohren.

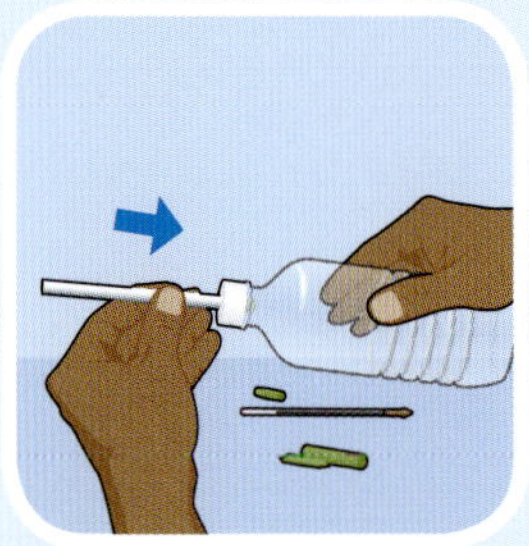

Kugelschreiberrohr in das Loch stecken.

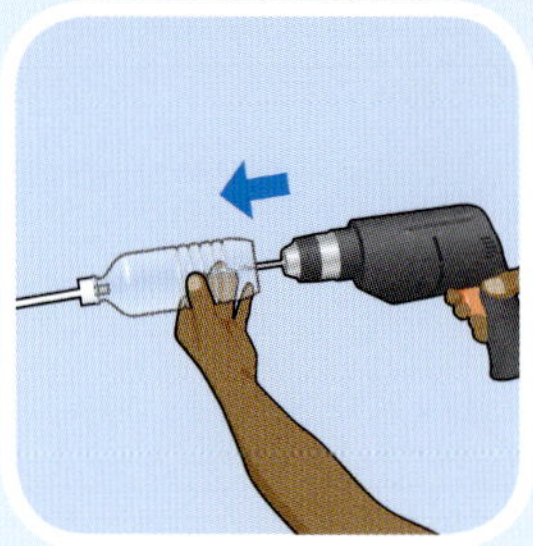

In den Flaschenboden ein Loch bohren.

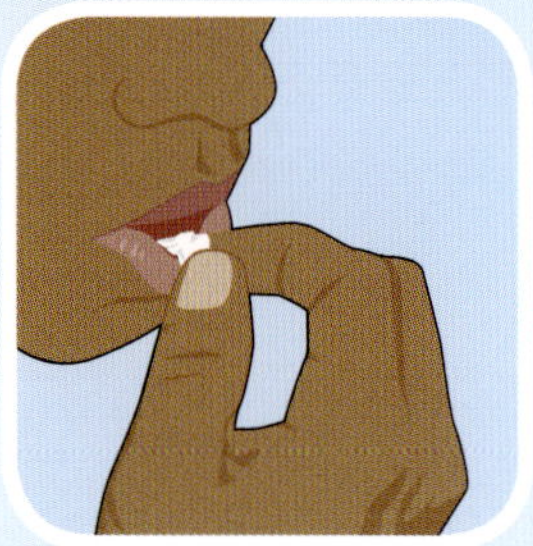

Aus Papier eine Spuckekugel machen.

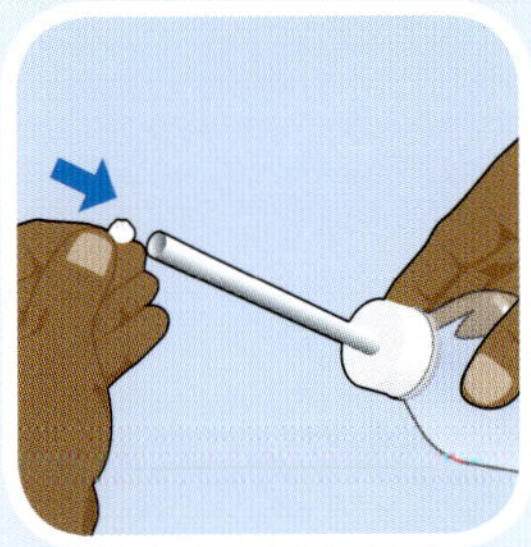

Rohr mit Spuckekugel laden.

Reinigungsalkohol hineingießen.

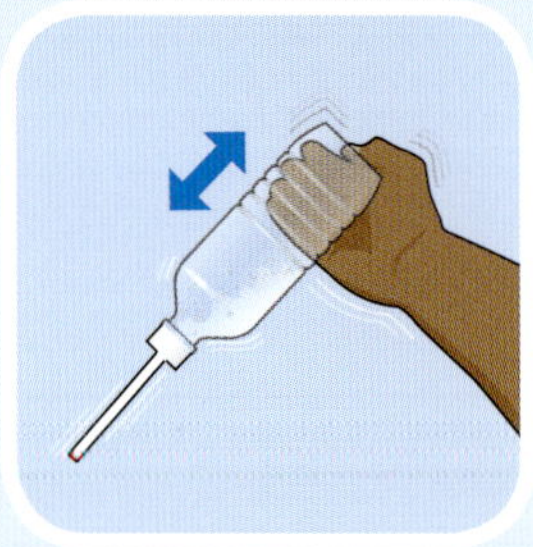

Loch zuhalten; heftig schütteln.

Zielen; Streichholz zum Loch halten.

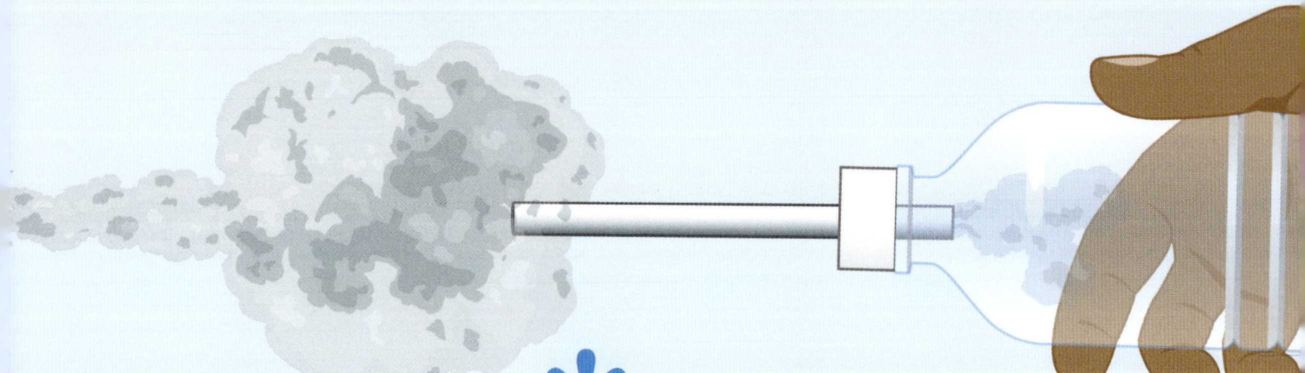

* Diese Kanone kann man bedenkenlos auf Menschen richten. Erfolgreiche Jagd!

55 Kornkreise ziehen

Einen Schweinestreich spielen 56

Drei Schweine einfetten.

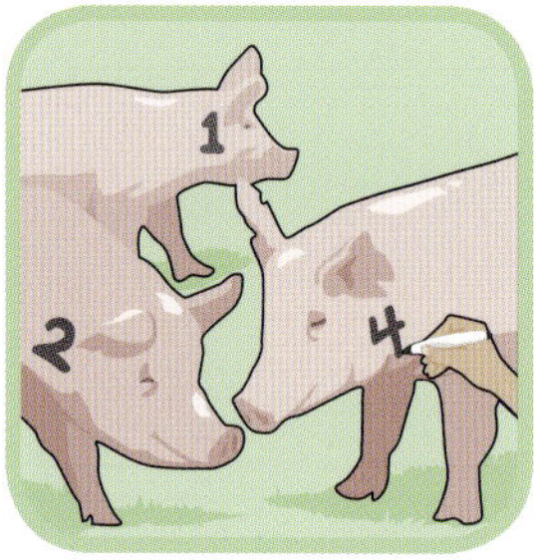

Mit „1", „2" und „4" markieren.

An einem öffentlichen Ort freilassen.

Zuschauen, wie alle Schwein Nummer 3 suchen.

Streiche rund ums Auto 57

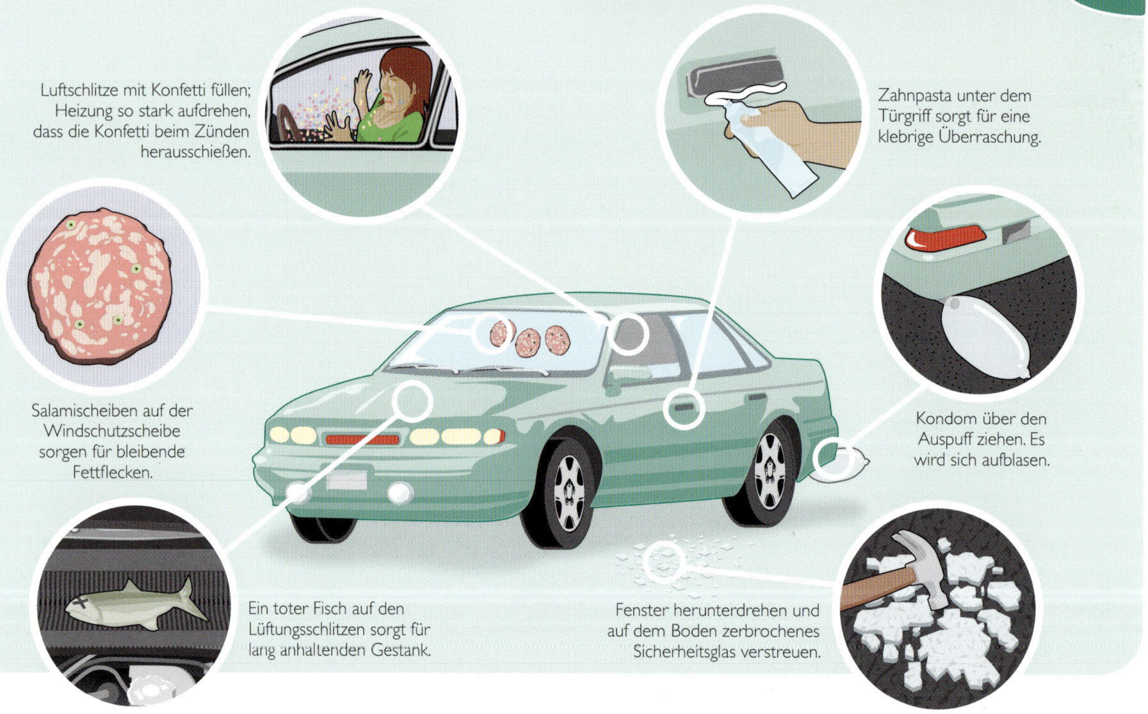

58 Im Geschirrspüler kochen

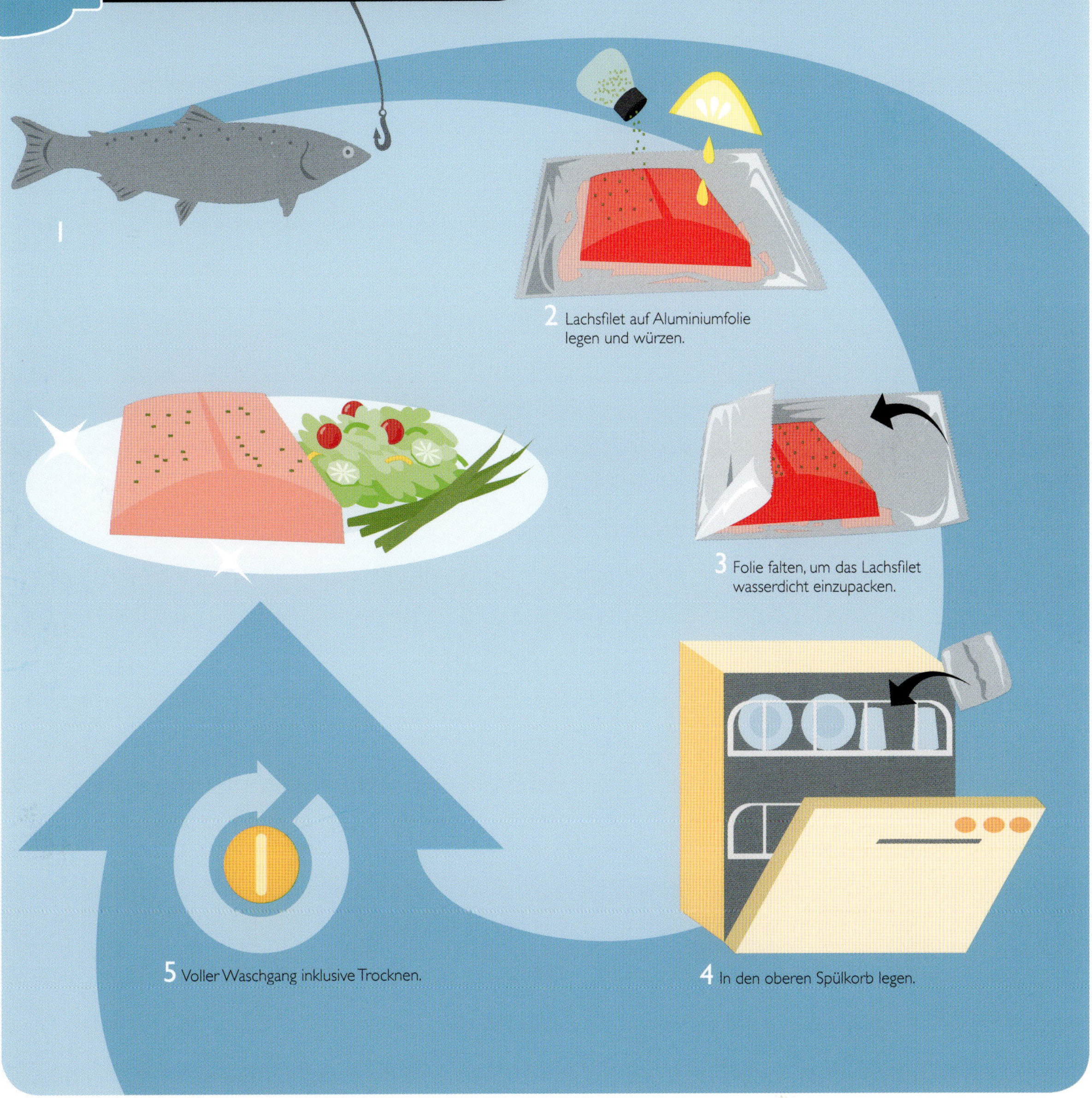

Auf einem Motor kochen 59

Fahren; heißeste Stelle ertasten.

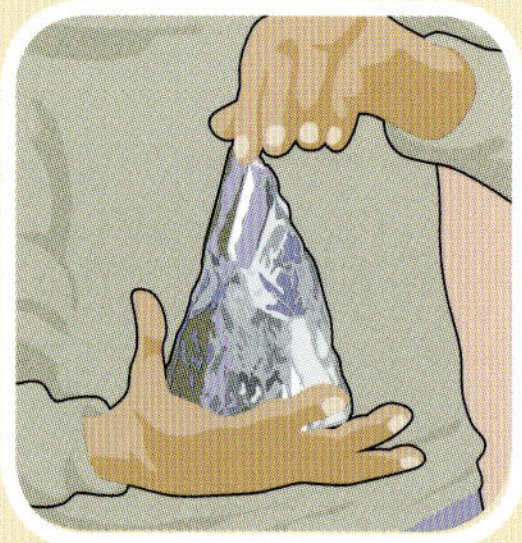

Folie zu einem hohlen Kegel formen.

Auf die heiße Stelle legen; Motorhaube schließen.

Folie entfernen; Platz abschätzen.

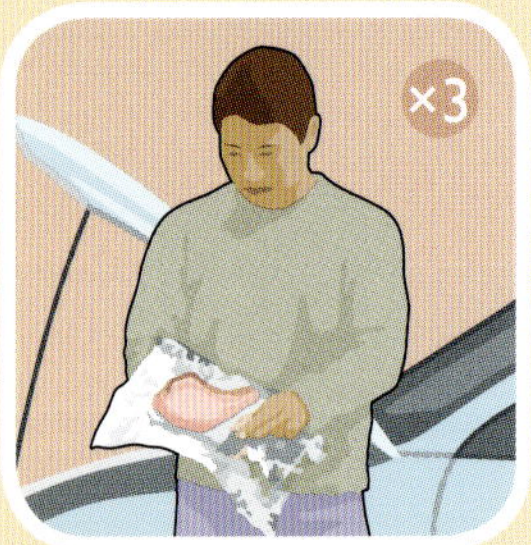

Lebensmittel in mehrere Folienschichten wickeln.

Sicher auf den Verteiler legen.

Motorhaube schließen; fahren.

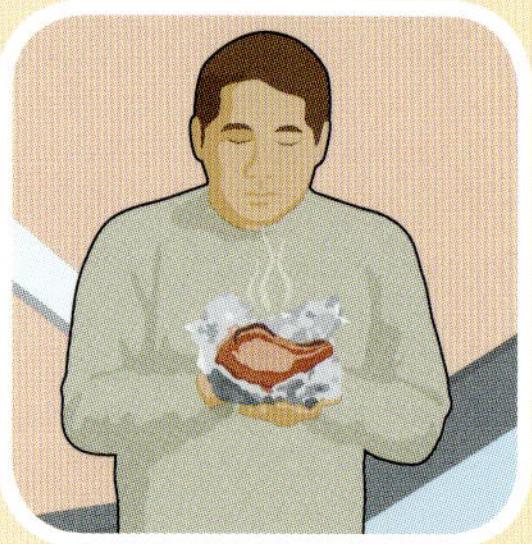

Auswickeln; nachsehen, ob das Essen fertig ist.

* Der Kegel zeigt Ihnen, wie viel Platz zwischen Verteiler und Motorhaube vorhanden ist. Wählen Sie eine Zutat, die genau in den Zwischenraum passt ohne zerquetscht zu werden. Falls der Platz zu groß ist, mit zusammengeknüllter Alufolie auspolstern!

Koch-Fahrtzeit festlegen 60

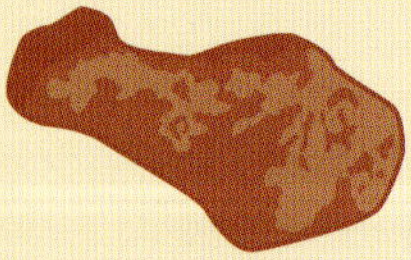

Hähnchenkeule
2–3 Stunden

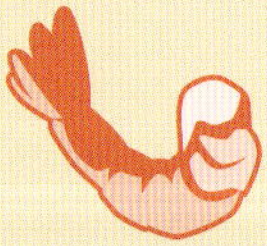

Garnele
30–45 Minuten

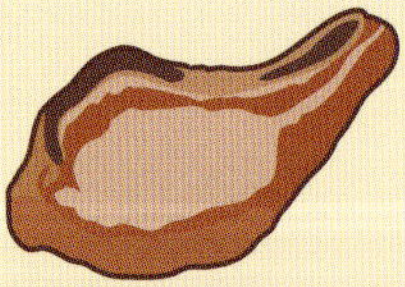

Schweinelende
4 Stunden

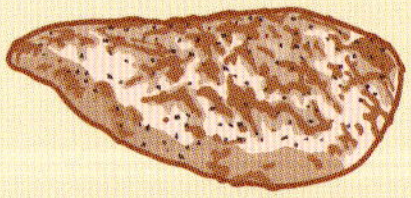

Hühnerbrust
45–60 Minuten

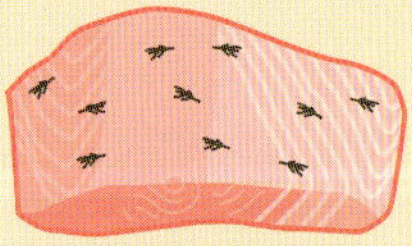

Lachs- oder Forellenfilet
60–90 Minuten

61 Bunny Hop

1 Tief in die Hocke gehen.
2 Aufrichten und Lenkstange hochziehen.
3 Weiter hochziehen; Zehenspitzen zeigen nach unten.
4 Beine anziehen, um das Hinterrad zu heben.
5 Landen.
1 In die Pedale treten.
2 Ein Pedal nach unten drücken und zurücklehnen.

Wheelie Pop 62

3 Weiter zurücklehnen und Lenkstange hochziehen.

4 Gleichgewicht halten.

5 Vorlehnen und Lenkstange nach unten drücken.

6 Weiterfahren.

63 Ein Kunstauto malen

In regelmäßigen Abständen Streifen aus Zeitungspapier aufkleben.

Emaillack auf exponierte Streifen sprühen.

Nach dem Trocknen mit Hilfe einer Schablone Entwürfe aufsprühen.

Details mit der Hand malen.

64 Pakistanische Buskunst

In Pakistan ist die kunstvolle Gestaltung von Bussen ein großes Geschäft – Buseigentümer zahlen den Künstlern Tausende Euros, um ihre Wagen mit baulichen Ergänzungen, luxuriöser Innenausstattung und komplizierten Malereien aufzumotzen.

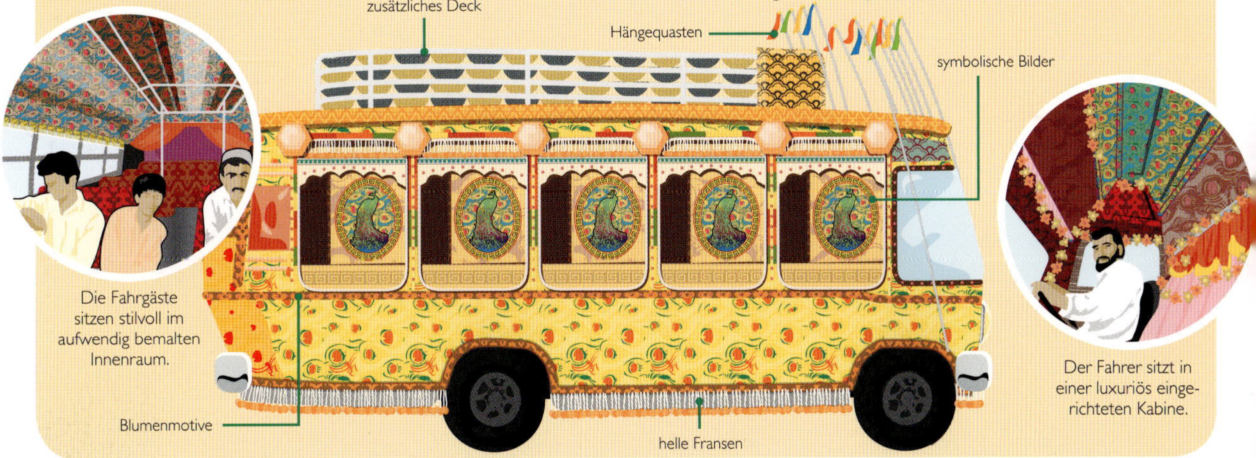

Die Fahrgäste sitzen stilvoll im aufwendig bemalten Innenraum.

Der Fahrer sitzt in einer luxuriös eingerichteten Kabine.

65 Ein Klebstoffkunstwerk bauen

66 Dekotora entdecken

Dekotora begann als Subkultur auf Fischtransportlastwagen im Nordosten Japans. Seit den 1970ern wird die Kunstform in Filmen und Videospielen verwendet.

67 Eine Fahrradrampe bauen

Whipskid 68

Trackbikes sind Indoor-Rennräder mit nur einem Gang und ohne Handbremsen. Bei urbanen Draufgängern und Angebern sind „Fixies" heute sehr beliebt. Probieren Sie die folgenden Fixie-Tricks auf Ihr eigenes Risiko aus.

Gewicht nach vorn verlagern.

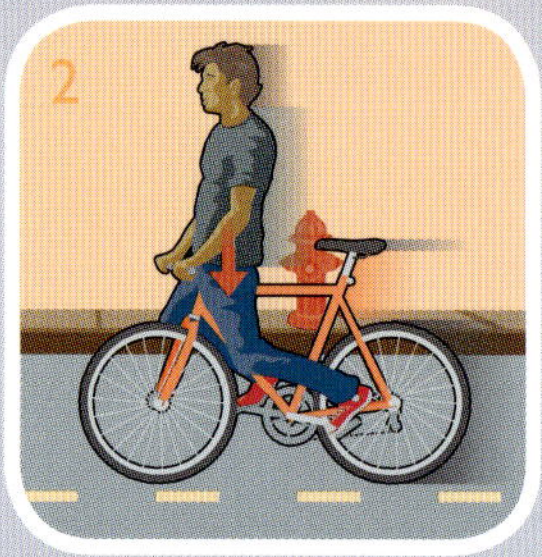

Schwerpunkt tiefer setzen.

Vorderrad mit den Beinen blockieren, um zu stoppen

In einer Rauchwolke flüchten 128

Schlittern; Hinterrad mit Hüften hin und her schwingen.

Freihändiger Trackstand 69

Füße parallel halten.

Vorderrad etwas zur Seite drehen.

Gleichgewicht finden.

Lenkstange loslassen; aufrecht sitzen.

70 Ollie Pop

1 Einen Fuß mittig, anderen aufs Tail (Hinterende). Knie beugen.
2 Tail nach unten drücken. Außenkante des vorderen Fußes am Board hochziehen.
3 Beide Knie an die Brust ziehen bis das Ende der Stufen erreicht ist.
4 Landen und weiterfahren.
4 In die Hocke gehen und die Wand hochfahren.
5 So hoch wie möglich fahren; Knie beugen.
6 Rand des Boards zwischen den Beinen fassen.
7 Vor dem Landen loslassen.

Handstand-Fingerflip 71

1 In den Handstand gehen; Boardrand auf Höhe der Achsen fassen.

2 Knie beugen; Board hochreißen, damit es sich dreht.

3 Board loslassen, während es sich umdreht. Beine zur Brust ziehen.

4 Mit beiden Beinen auf den Achsen landen.

Indy Grab 72

1 Tail auf den Rand des Beckens setzen. Vorderachse nach unten drücken und losstarten.

2 Nach vorn lehnen, um Schwung zu sammeln.

3 Weiterskaten.

Moos-Graffiti entwerfen 81

73 Eine Bier-Bong basteln

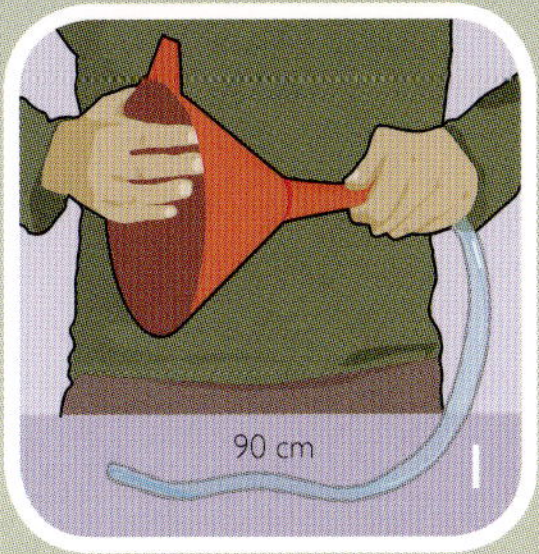

Trichter in einen Schlauch stecken.

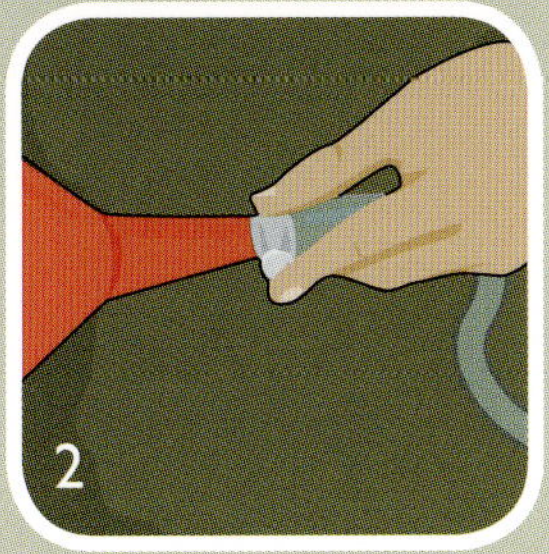

Ende des Schlauches abklemmen.

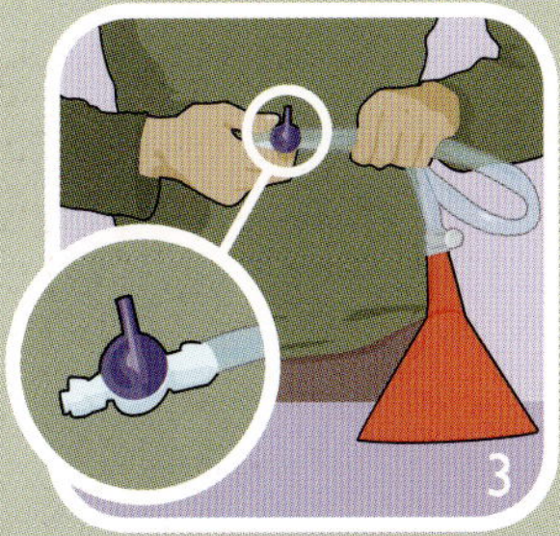

Ventil am freien Ende befestigen.

Mit unglaublicher Geschwindigkeit trinken!

74 Bier in einem Zug austrinken

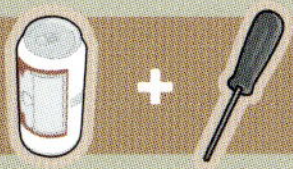

Dose kippen, um eine Luftblase zu bilden.

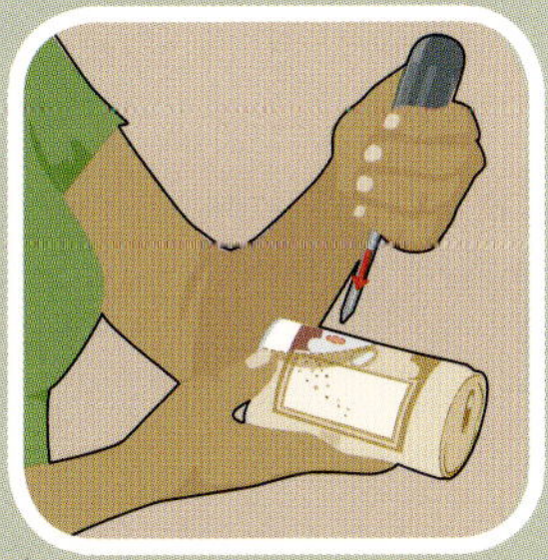

Loch in Luftblase stechen.

Vorlehnen; Mund über das Loch halten.

Kopf heben; Ringverschluss öffnen; in einem Zug austrinken.

75 Einen Bierfassstand machen

Den Rand fassen; ein Bein heben.

Anderes Bein vom Boden abstoßen.

Vom Zapfhahn trinken.

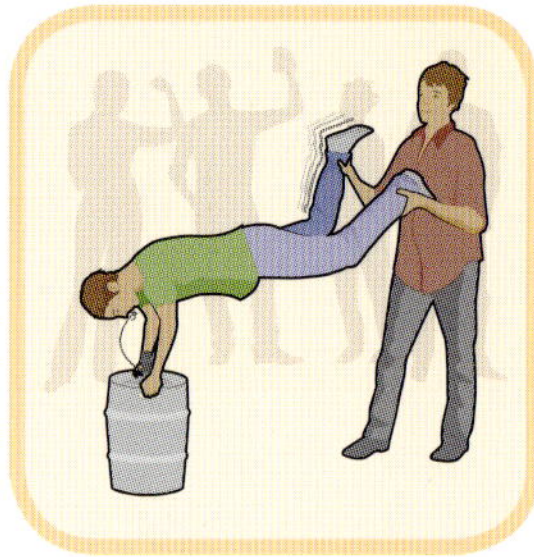

Bein schütteln, sobald Sie fertig sind.

76 Einen Gelee-Shot schlürfen

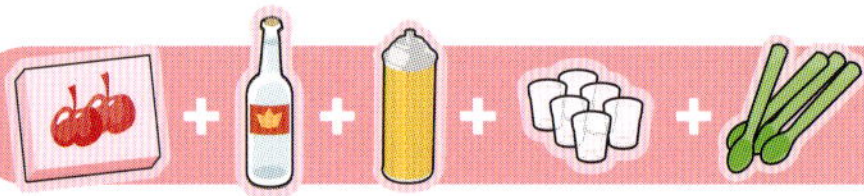

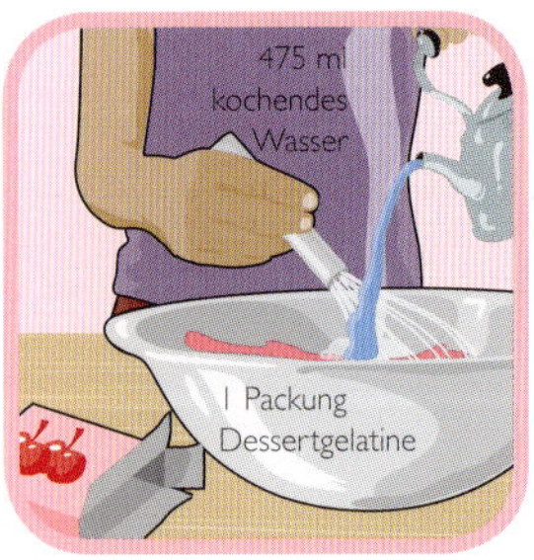

Vermischen; rühren, bis die Gelatine sich aufgelöst hat.

Auf Raumtemperatur abkühlen lassen.

Gekühlten Wodka einrühren.

Mit Kochspray besprühen.

Kleine Löffel hineingeben.

Ingwerschnaps ansetzen 18

Gelatinemischung dazugießen.

In den Kühlschrank stellen.

Schlürfen oder auslöffeln.

77 Aus einem Apfel rauchen

1. Apfel zur Hälfte entkernen.
2. Kugelschreiber zerlegen; Rohr behalten.
3. Rohr durch Apfel stoßen.
4. Rohr reinigen und wieder in den Apfel stecken.
5. Kleine Löcher in ein Stück Alufolie stechen.
6. Folie über das Loch legen.
7. Mit Tabak füllen.
8. Mit dem Finger zuhalten; anzünden; inhalieren.

Aus einem Eimer rauchen 78

Boden einer Plastikflasche wegschneiden.

Loch in Verschlusskappe bohren.

Loch mit Alufolie auslegen.

Löcher in die Folie stechen.

In einen mit Wasser gefüllten Eimer stellen.

Stopfen; Verschlusskappe daraufschrauben.

Anzünden; Flasche nach oben ziehen.

Den Morgenkaffee inhalieren 120

Verschluss abnehmen; nach unten drücken; inhalieren.

Ein Geheimfach bauen 79

Klebstoff auf Seitenränder auftragen.

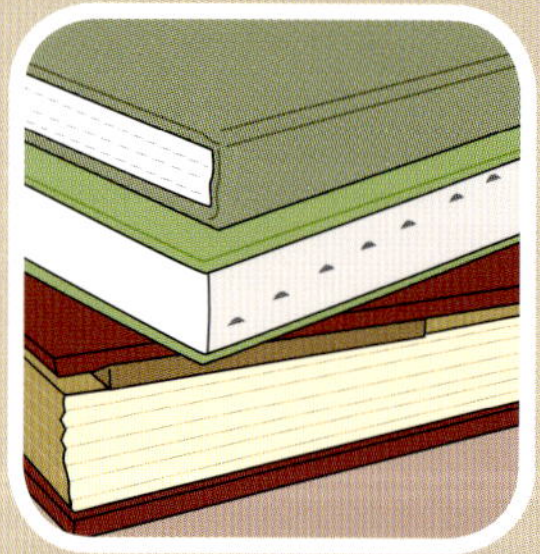

Pappschachtel hineinschieben; trocknen lassen.

Innenraum ausschneiden; festkleben.

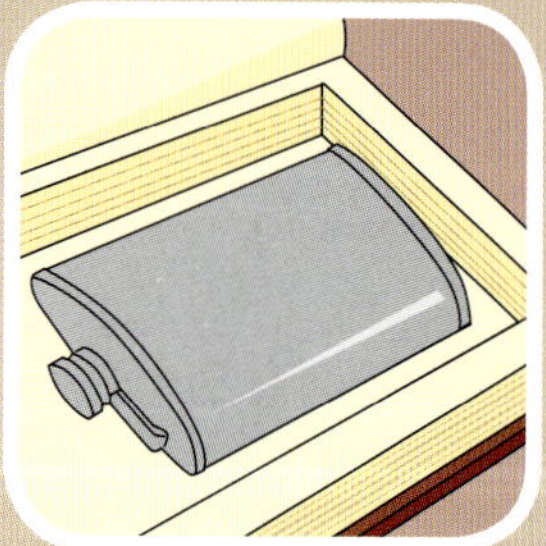

Mit heimlichen Lastern füllen.

80 Eine Samenbombe säen

Guerilla-Gärtnern ist eine Bewegung, die es sich zum Ziel gesetzt hat, öffentliche Plätze grüner und hübscher zu gestalten. Hier sind zwei schnelle Möglichkeiten, um das Stadtbild zu verschönern.

Samen über Kompost verteilen.

Mit Lehm vermischen.

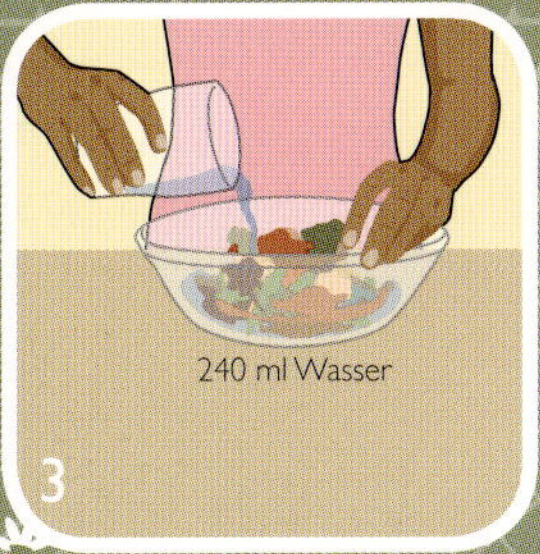

Wasser einrühren.

Murmelgroße „Bomben" rollen.

In der Sonne trocknen.

Vor einem Regenguss werfen.

Wählen Sie eine wetterbeständige heimische Pflanze, die kaum Pflege benötigt.

Bier in einen Mixer gießen; Moos zerkrümeln.

Zucker und Buttermilch dazugeben.

Schaumig mixen.

Auf Holz oder Ziegel malen.

Einmal pro Woche befeuchten.

Dem Kunstwerk beim Wachsen zusehen!

82 Köstliche Trüffeln gießen

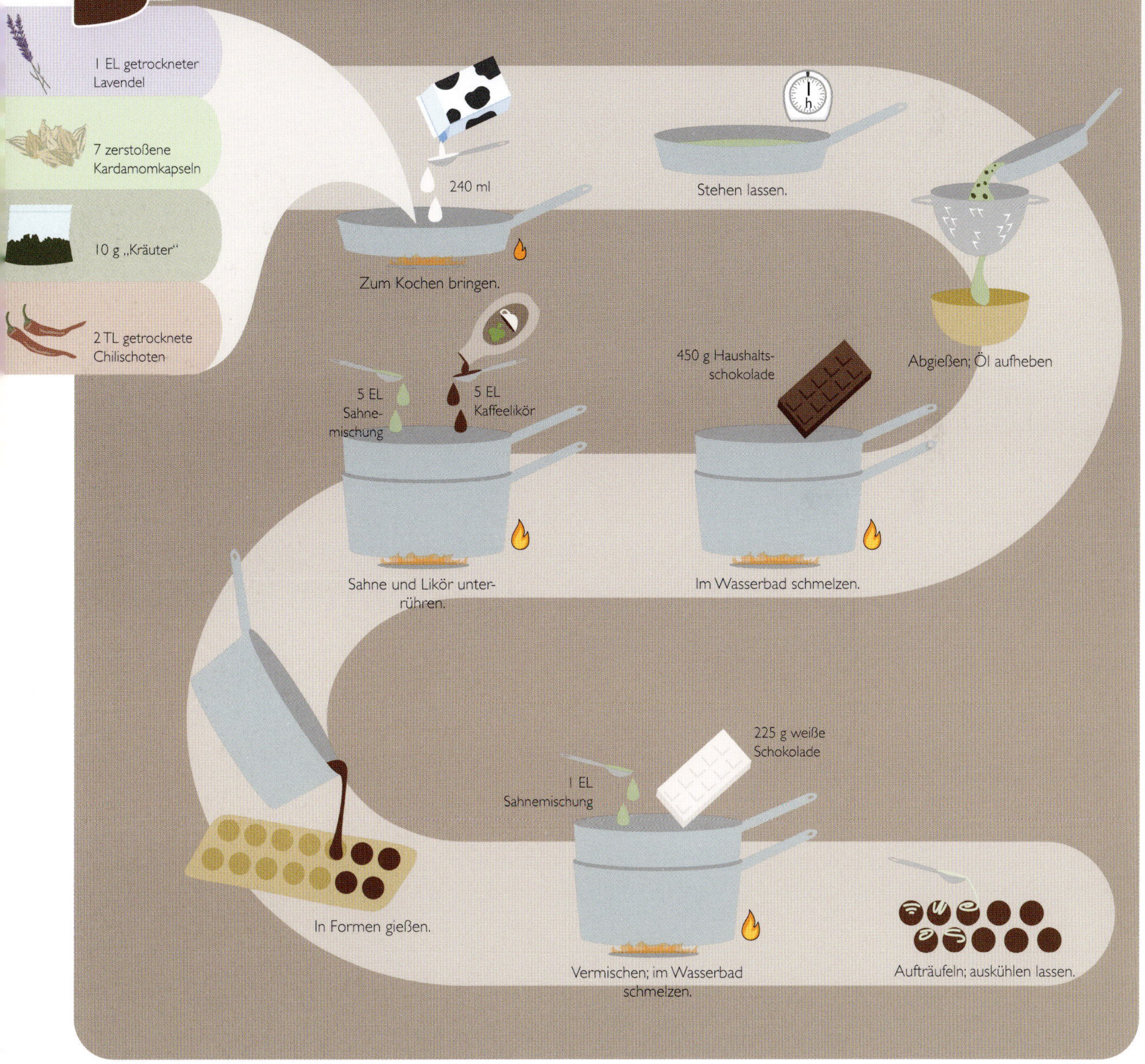

Makellos flambieren

83

Pfirsiche der Länge nach in Streifen schneiden.

In einer emaillierten Pfanne schmelzen.

Braunen Zucker einrühren.

Früchte dazugeben und weich kochen.

Pfirsiche umdrehen.

Rum über Pfirsiche gießen.

Mit Küchenstreichholz anzünden.

Über Eiscreme servieren.

84 Hipster-Découpage basteln

Vorgesehene Fläche säubern.

Popkultur-Bilder ausschneiden.

Bilder anordnen.

Aufkleben.

85 Stofftapeten anbringen

Wand waschen.

Abmessen.

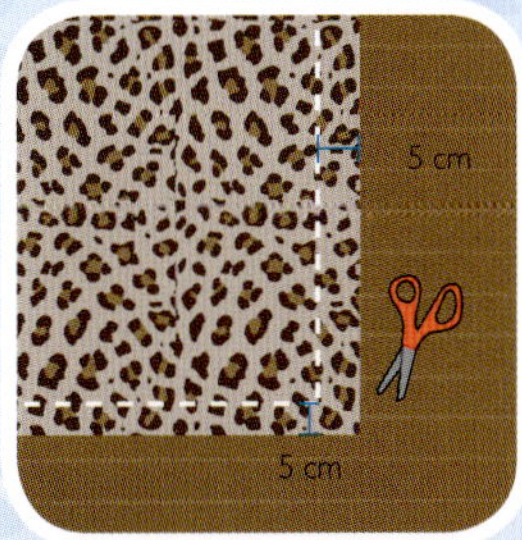

Abmessen; Überhang dazurechnen; ausschneiden.

Flüssigstärke in eine Wanne gießen.

Sobald es Zeit für eine Veränderung des Dekors ist, können Sie den Stoff einfach von der Wand schälen – es bleiben keine Rückstände und die Wandfarbe wird nicht beschädigt.

Glätten.

Nach dem Trocknen Lack auftragen.

Trocknen lassen; abschmirgeln.

Wiederholen, bis die Fläche glatt ist.

Stärke mit Bürste auftragen.

Stoff aufkleben; Überhang berücksichtigen.

Wand tapezieren; trocknen lassen.

Überschüssigen Stoff wegschneiden.

86 Unanständige Bilder sticken

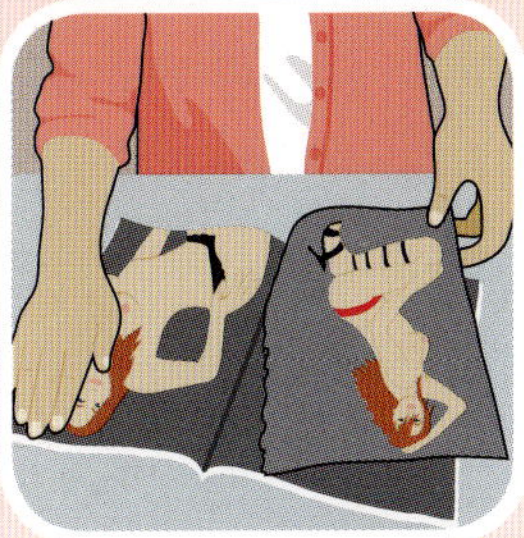

Bild herausreißen.

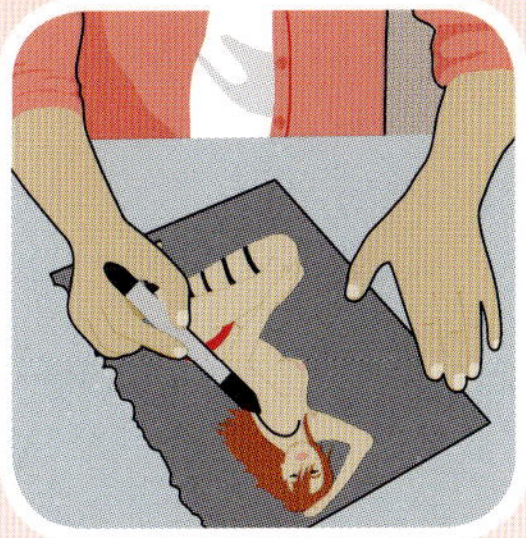

Mit schwarzem Markierstift umrahmen.

Auf ein helles Fenster kleben.

Stoff über dem Bild befestigen.

Auf dem Stoff mit Bleistift nachzeichnen.

Entfernen.

Auf Stickrahmen platzieren.

Mit Stickseide einsticken.

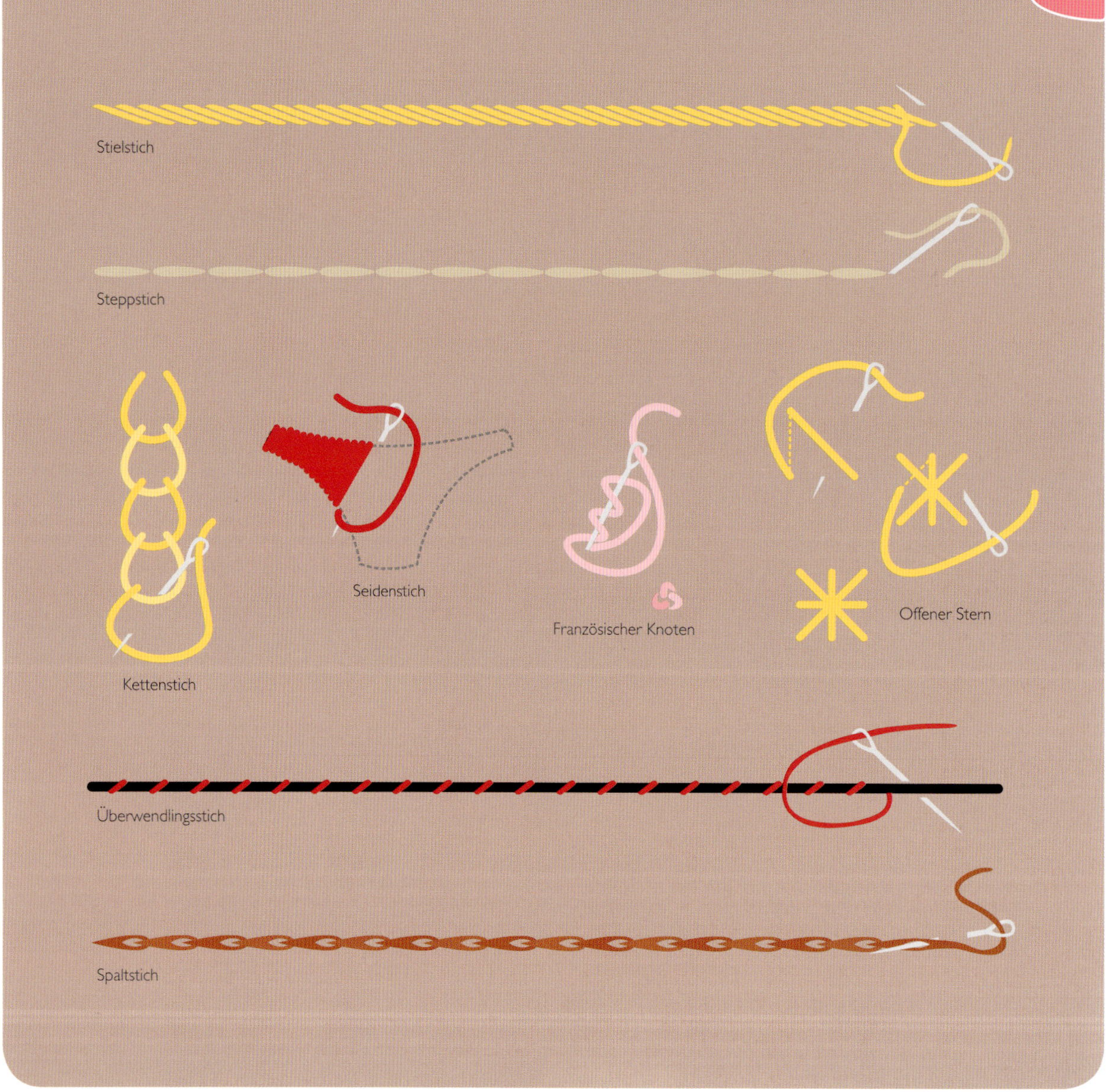
Stielstich
Steppstich
Kettenstich
Seidenstich
Französischer Knoten
Offener Stern
Überwendlingsstich
Spaltstich

Sich selbst in Gips gießen

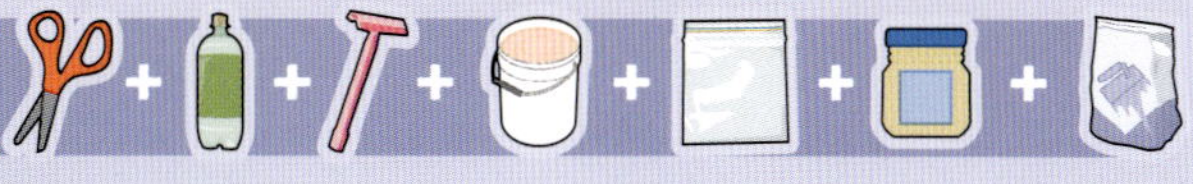

Oberseite einer großen Plastikflasche abschneiden.

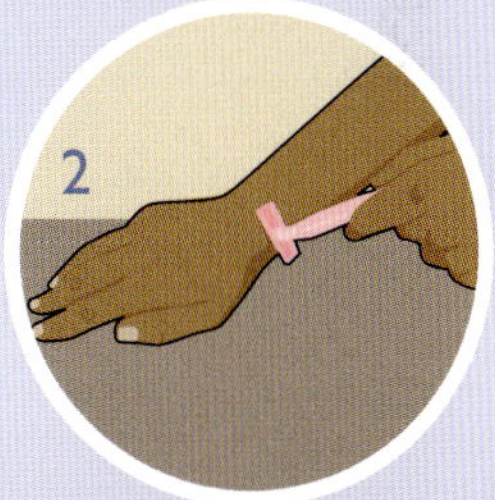

Ausgewählten Körperteil rasieren.

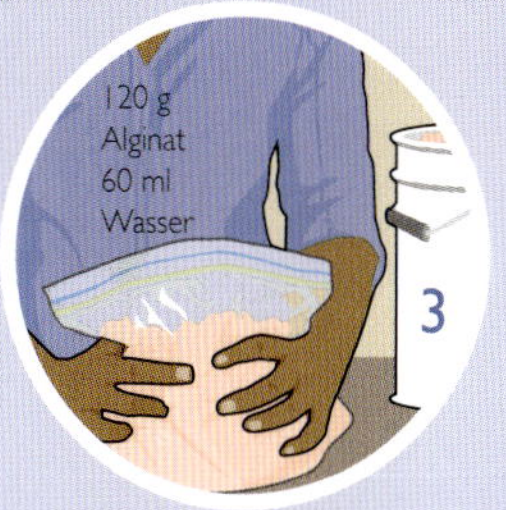

Tüte zum Vermischen kneten.

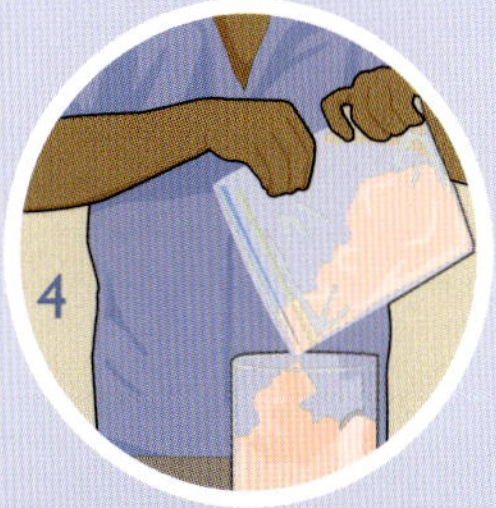

In die Flasche schütten.

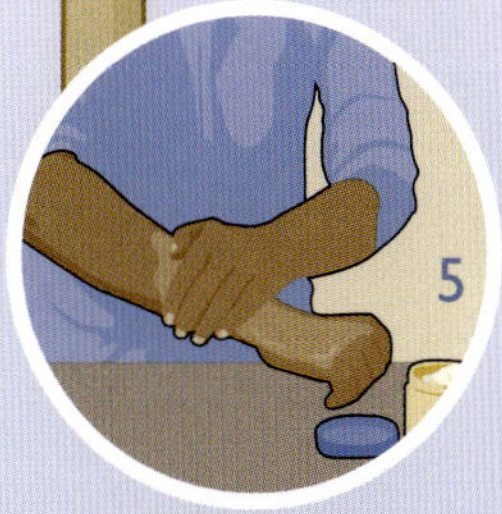

Körperteil mit Vaseline einfetten.

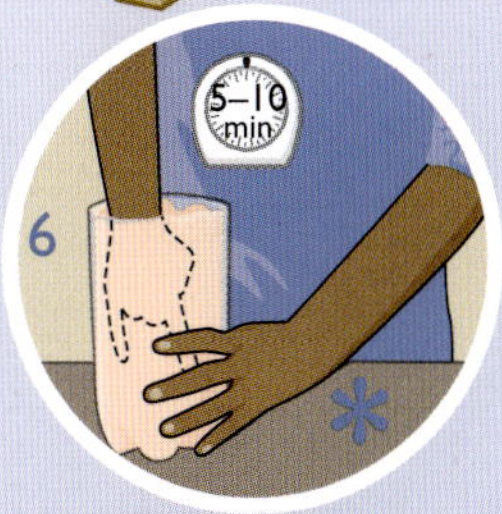

Körperteil hineinstecken; aushärten lassen.

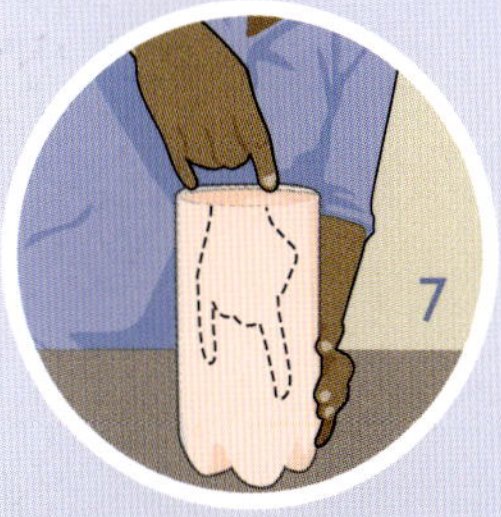

Langsam aus dem Behälter ziehen.

Gips anrühren.

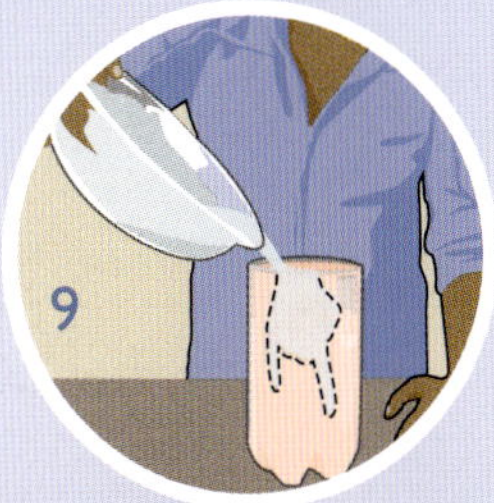

Hineinschütten; Luftblasen durch Klopfen entweichen lassen.

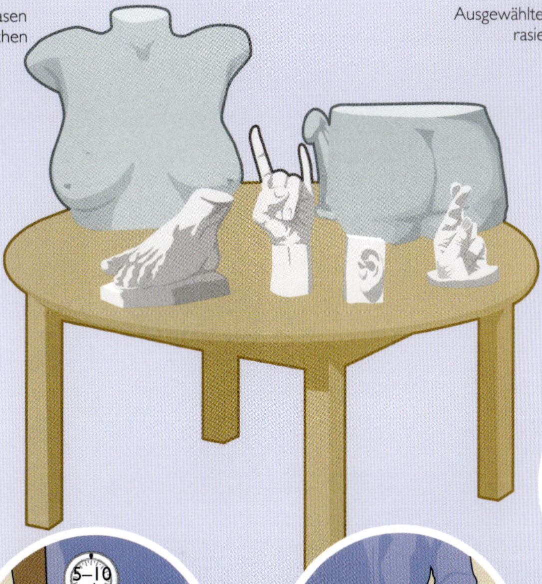

* Haben Sie keine Angst davor, dass ein sensibler Körperteil stecken bleiben könnte. Alginat bildet eine biegsame, gummiartige Gussform.

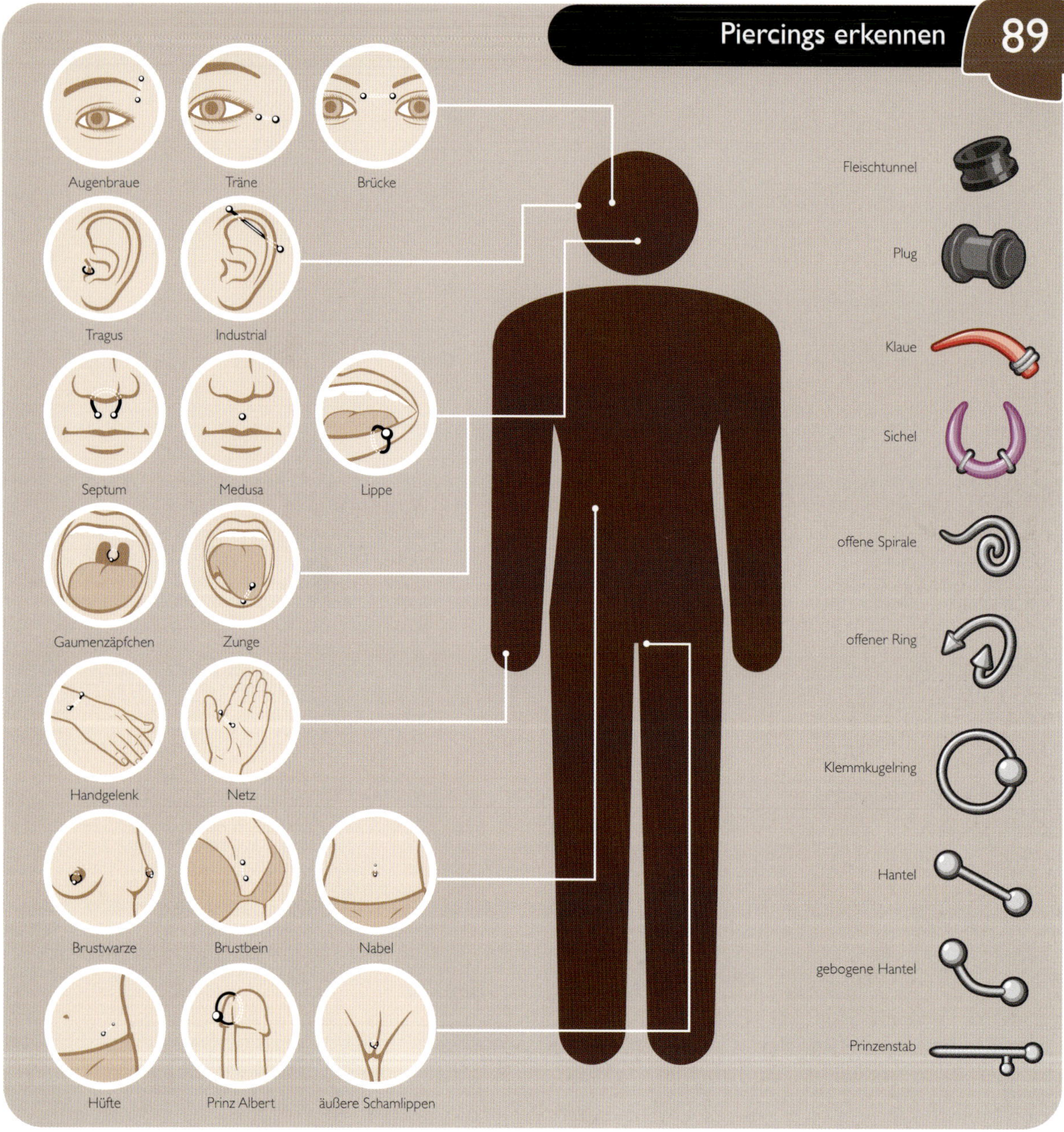
Augenbraue
Träne
Brücke
Tragus
Industrial
Septum
Medusa
Lippe
Gaumenzäpfchen
Zunge
Handgelenk
Netz
Brustwarze
Brustbein
Nabel
Hüfte
Prinz Albert
äußere Schamlippen
Fleischtunnel
Plug
Klaue
Sichel
offene Spirale
offener Ring
Klemmkugelring
Hantel
gebogene Hantel
Prinzenstab

90 Sich als Dragqueen outen

Büstenhalter mit Kissenfüllung ausstopfen.

135 Wertvolles sicher verstecken

Enge, hoch geschnittene Unterhosen verbergen unansehnliche Ausbuchtungen.

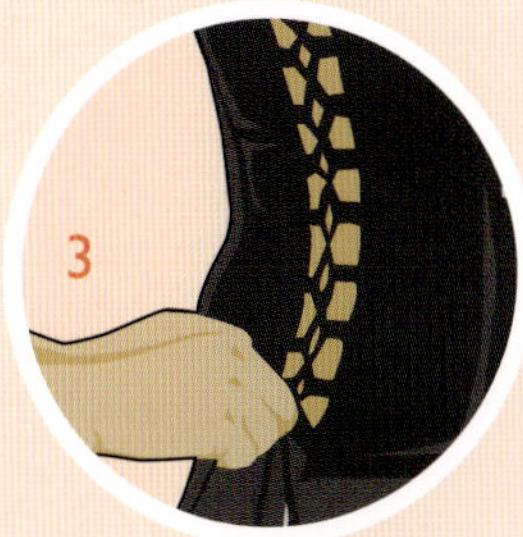

Ein Korsett verleiht eine weibliche Figur.

Diamaten sind die besten Freunde einer Frau – sie verstecken den Adamsapfel.

Unter eleganten Opernhandschuhen wird niemand Ihre Männerhände und behaarten Arme sehen.

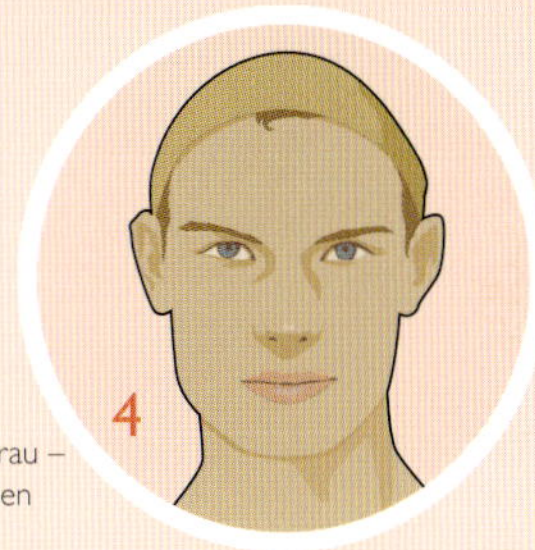

Ein Perückennetz hält Haarsträhnen unter Kontrolle.

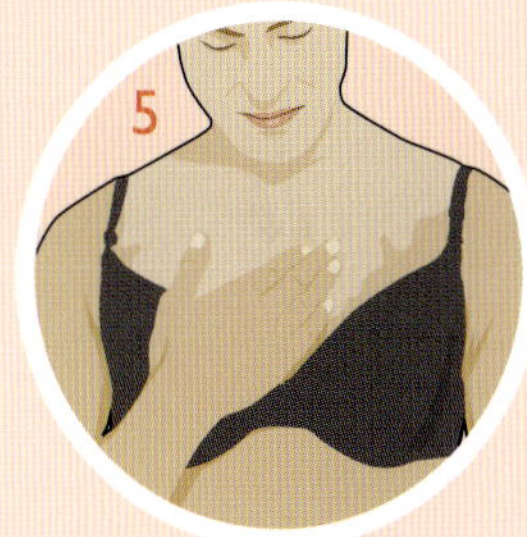

Auf Gesicht und Brust reichlich Grundierung auftragen.

Drag-Glamour erzeugen.

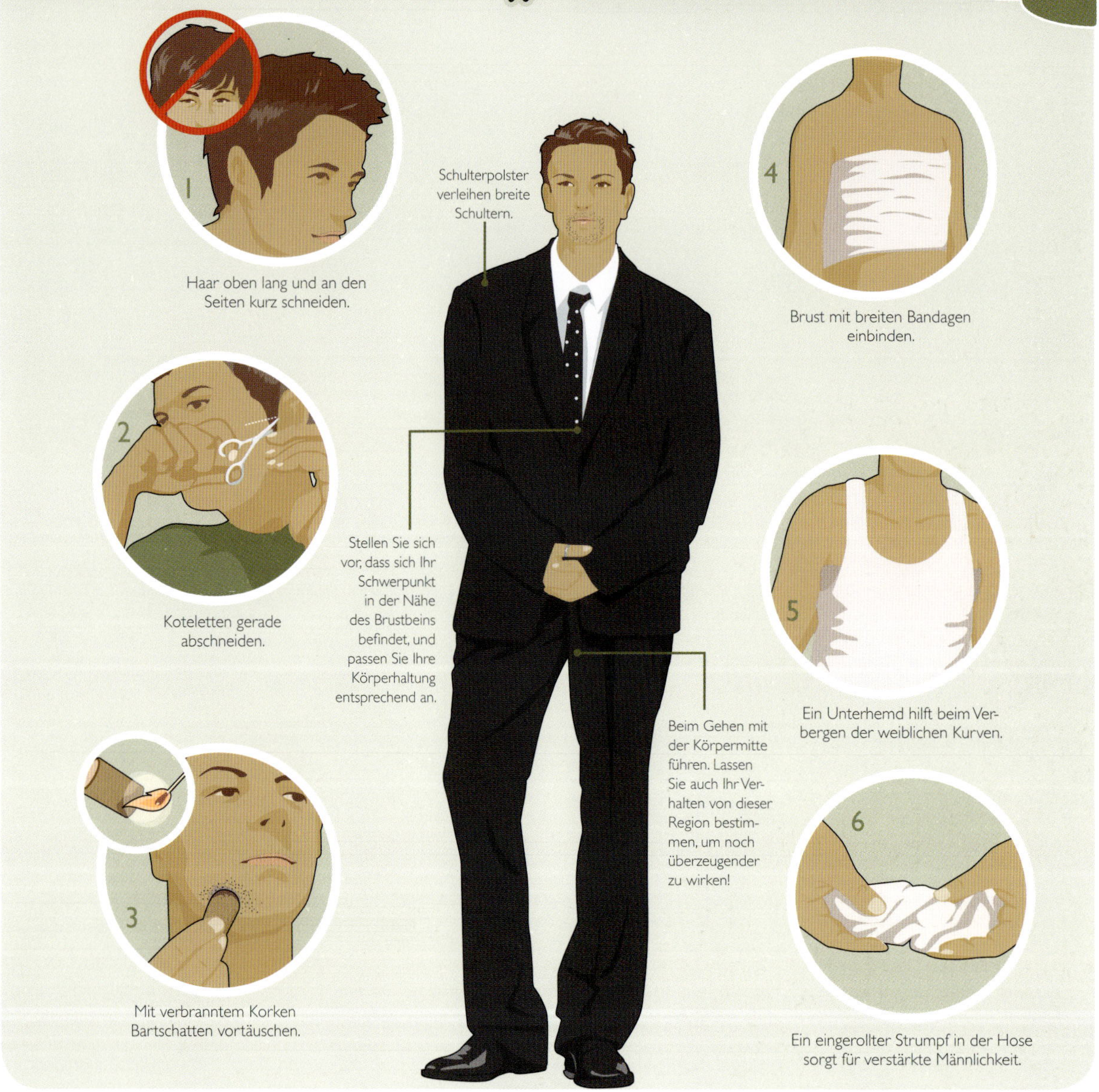
1
Haar oben lang und an den Seiten kurz schneiden.
2
Koteletten gerade abschneiden.
3
Mit verbranntem Korken Bartschatten vortäuschen.
Schulterpolster verleihen breite Schultern.
Stellen Sie sich vor, dass sich Ihr Schwerpunkt in der Nähe des Brustbeins befindet, und passen Sie Ihre Körperhaltung entsprechend an.
Beim Gehen mit der Körpermitte führen. Lassen Sie auch Ihr Verhalten von dieser Region bestimmen, um noch überzeugender zu wirken!
4
Brust mit breiten Bandagen einbinden.
5
Ein Unterhemd hilft beim Verbergen der weiblichen Kurven.
6
Ein eingerollter Strumpf in der Hose sorgt für verstärkte Männlichkeit.

92 Mit einem Rasiermesser rasieren

Mit einer heißen Dusche beginnen.

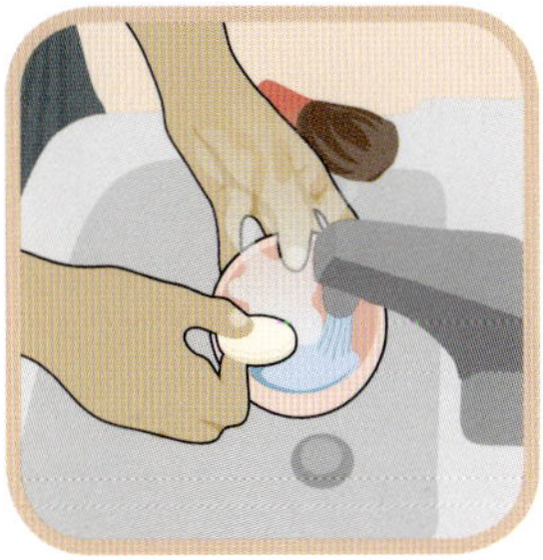

Rasierseife in heißes Wasser geben.

Zu Schaum verrühren.

144 Einen Flammenbart tragen

Bart einseifen.

Rasiermesser schärfen.

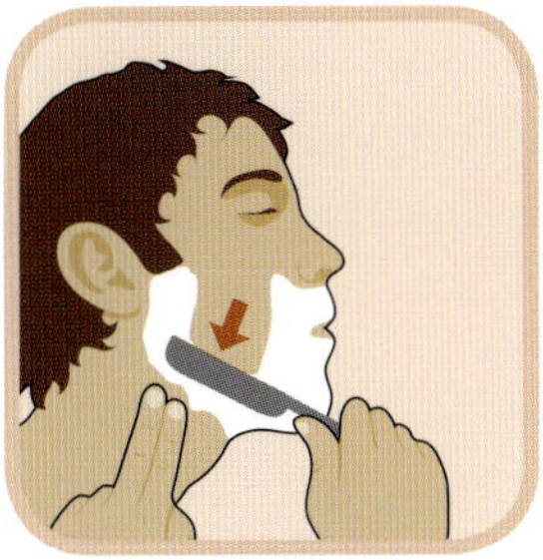

Haut glattziehen, in Wuchsrichtung rasieren.

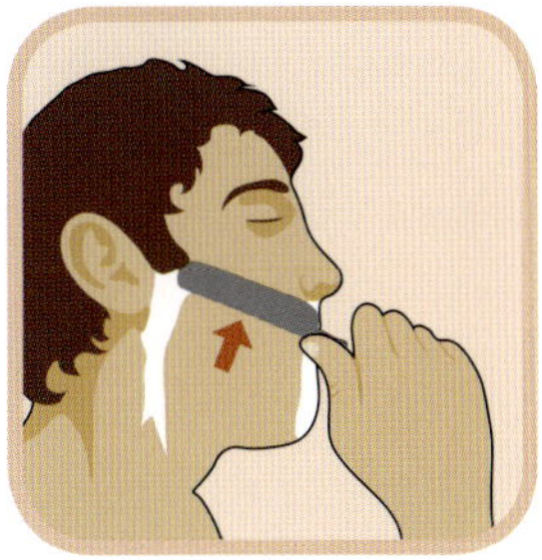

Nochmals einseifen; gegen Wuchsrichtung rasieren.

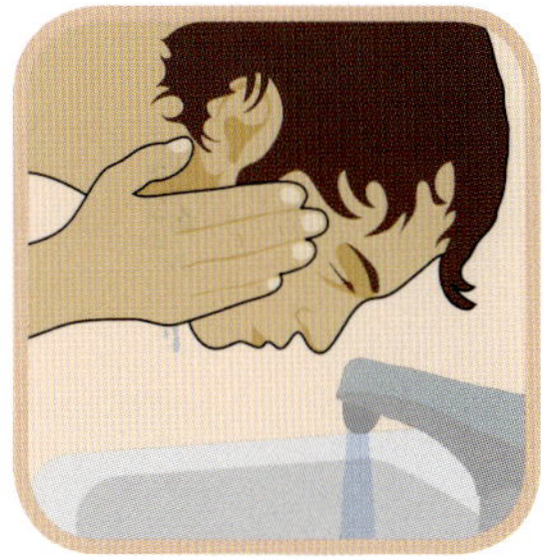

Mit kaltem Wasser abspülen.

93 Glatze polieren

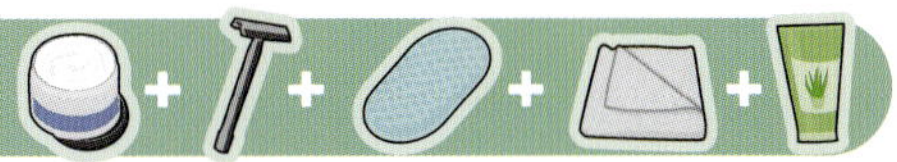

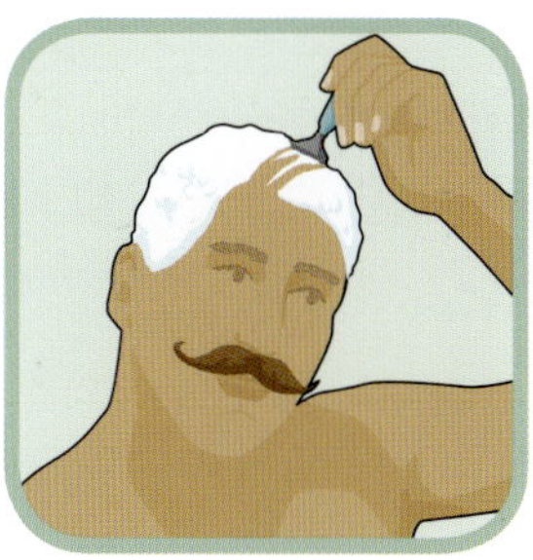

Rasierschaum auftragen; rasieren.

107 Menschliche Kanonenkugel

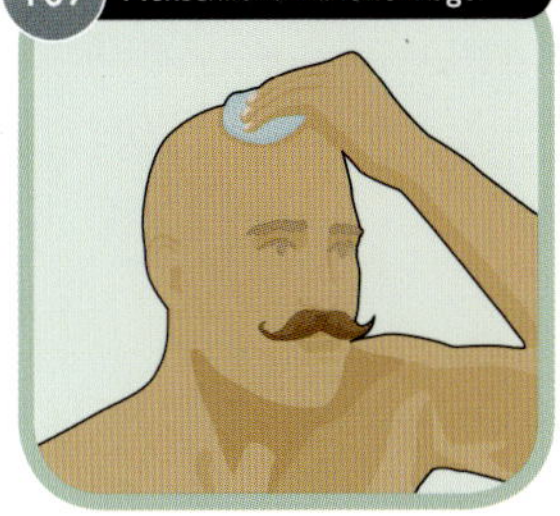

Hautschuppen entfernen.

Mit einem Handtuch trocken reiben

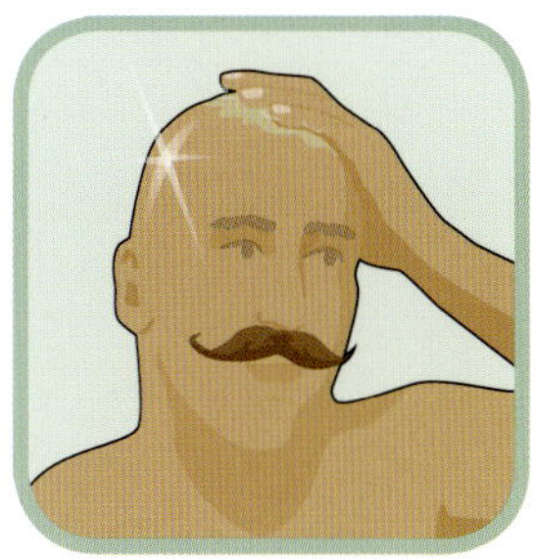

Mit Aloe Vera einreiben.

94 Einen Irokesen formen

Haar zurückkämmen.

Großzügig Klebstoff auftragen.

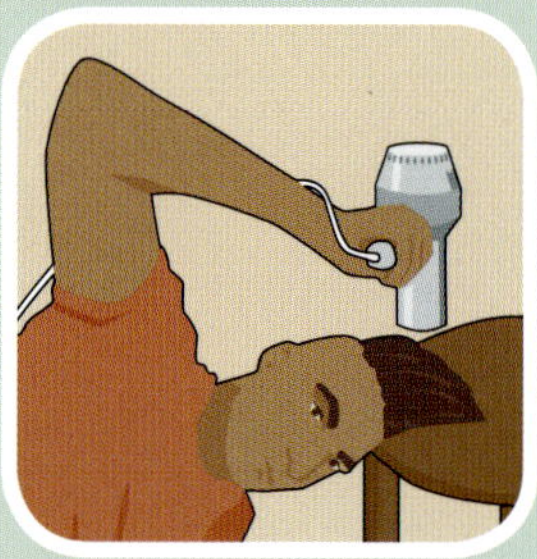
Gegen eine Oberfläche föhnen.

Mit Haarspray fixieren.

95 Mit einem Fauxhawk prunken

Haar waschen, danach föhnen.

Haar mit Gel nach oben und vorn streichen.

Mit Haarspray fixieren

Spitze aussehen.

96 Bartformen kennen

Freestyle

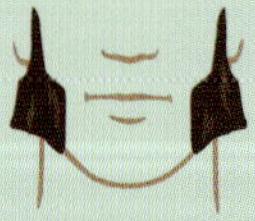
Wolf

Bischof

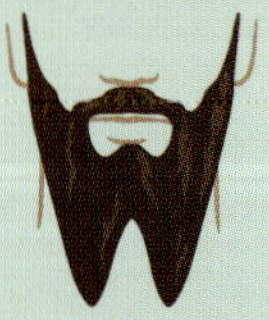
französische Gabel

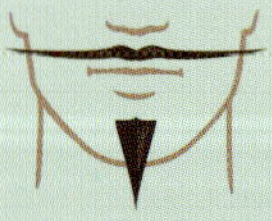
Napoleon III.

Imperial

97 Kopfstand mit Drehung

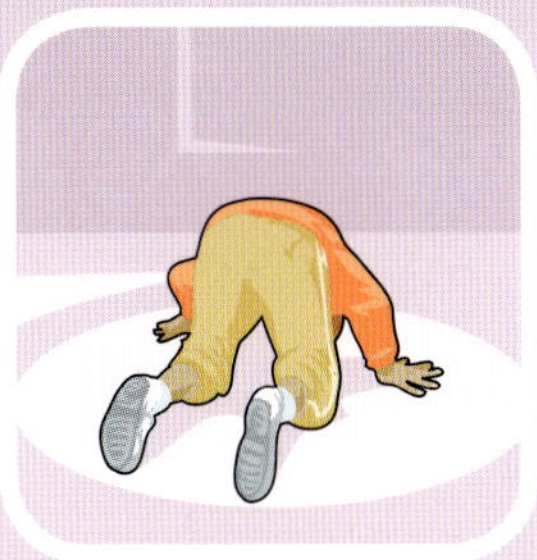

Ausgangsposition für den Kopfstand einnehmen.

Beine hochheben.

Beine spreizen.

Hüften gegen den Uhrzeigersinn drehen.

Hüften drehen, um nach vorn zu schauen.

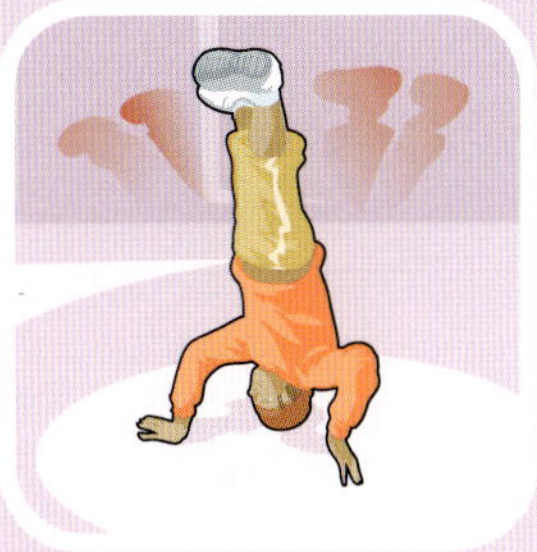

Hände vom Boden nehmen; drehen.

40 Eine Bühnendrehung rocken

Langsamer werden; Hände auf den Boden stellen.

Beine im Uhrzeigersinn schwingen.

98 Ein cooles Sample einspielen

99 Elektro-Pfannenwender-Musik

In einer Küche findet man jede Menge potenzielle Instrumente – vervollständigen Sie Ihre Percussion-Sammlung mit elektrischen Pastetenformen, Backblechen oder Salatzangen.

Hupen mit dem Strohhalm

100

Trinkhalm in der Mitte durchschneiden; gebogenen Teil wegwerfen.

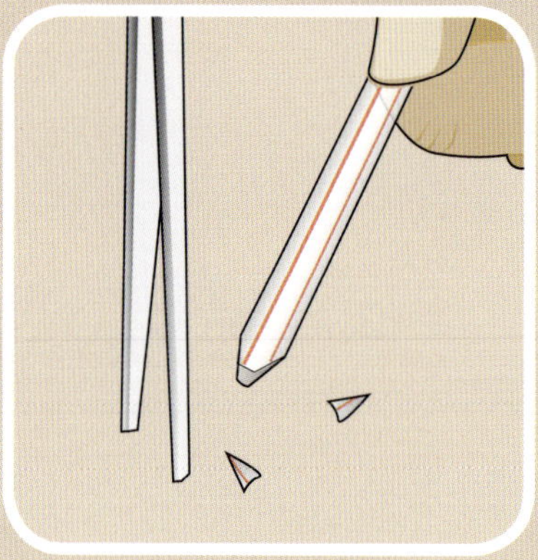

Ende zuspitzen.

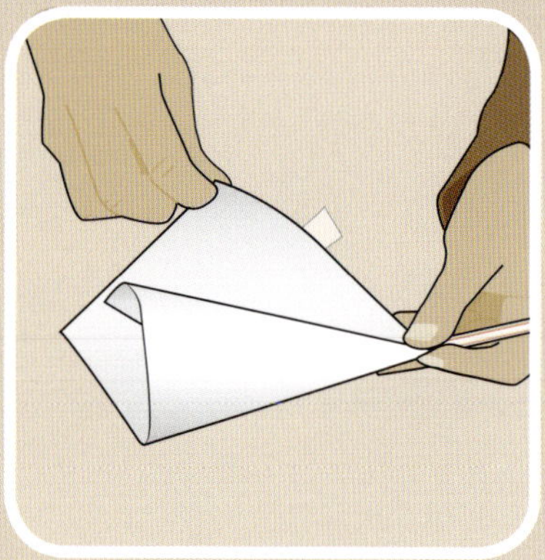

Papier in einem Kegel um den Trinkhalm kleben.

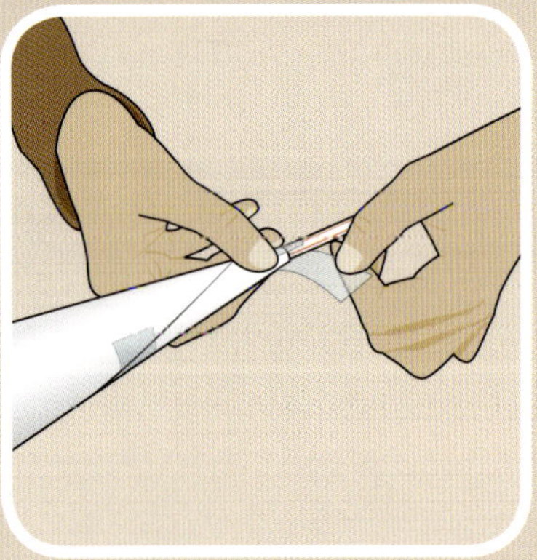

Papier auf den Trinkhalm kleben.

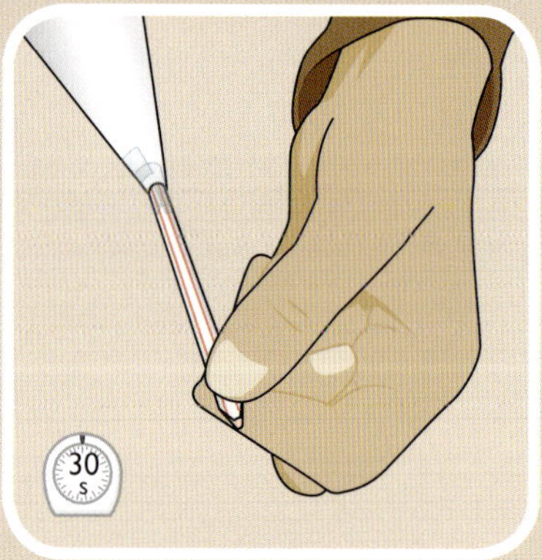

Ende fest zusammendrücken.

Hupen, bis Ihnen jemand das Spielzeug wegnimmt.

101 Lautsprechermonster basteln

Maisstärke und Wasser vermischen.

Auf ein Backblech gießen.

Lautsprecher nach oben wenden und mit Plastikfolie umwickeln.

Backblech auf Lautsprecher legen.

* Oh Gott, ist es lebendig? Nein, nur eine einfache nicht-newtonsche Flüssigkeit, die sowohl die Eigenschaften einer Flüssigkeit als auch die eines Festkörpers aufweist.

Lautsprecher aus Schachteln

Kartons auffalten und glattstreichen.

Karten auseinandernehmen.

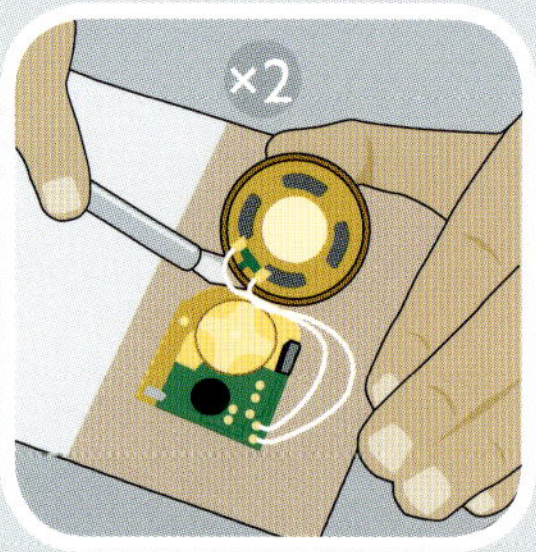

Lautsprecher entfernen.

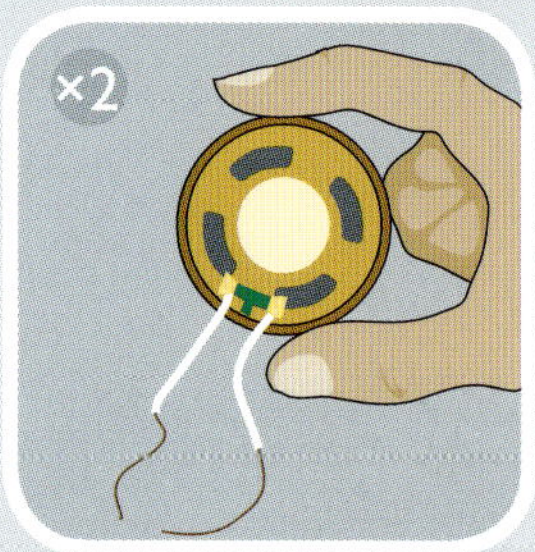

Drähte auf Leiterplatte abschneiden.

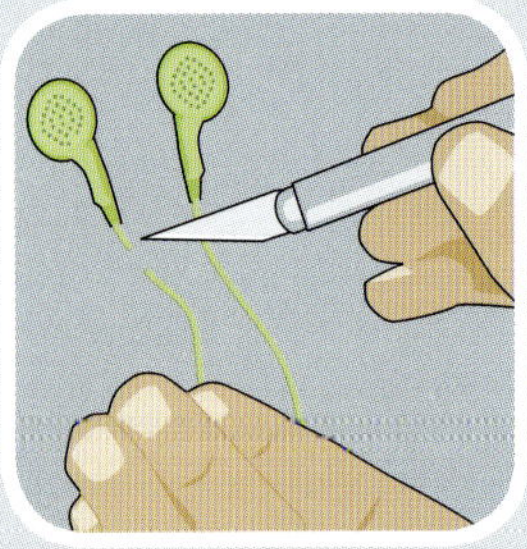

Zwei Ohrenstöpsel abschneiden.

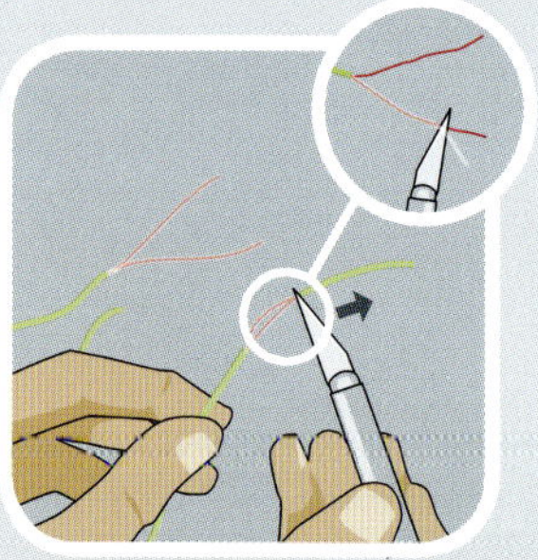

Isolierung und Fasern entfernen.

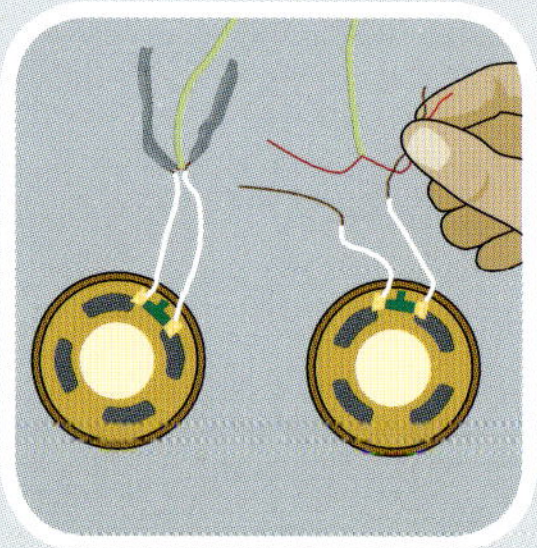

Drähte zusammenwickeln; festkleben.

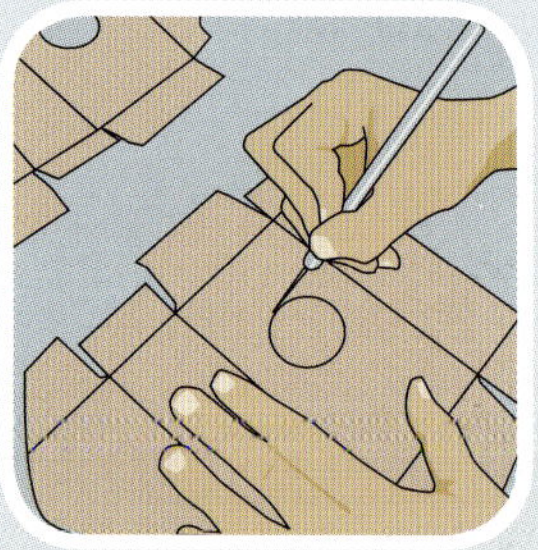

Lautsprecher nachzeichnen; ausschneiden.

Auf dem Boden Einkerbungen machen.

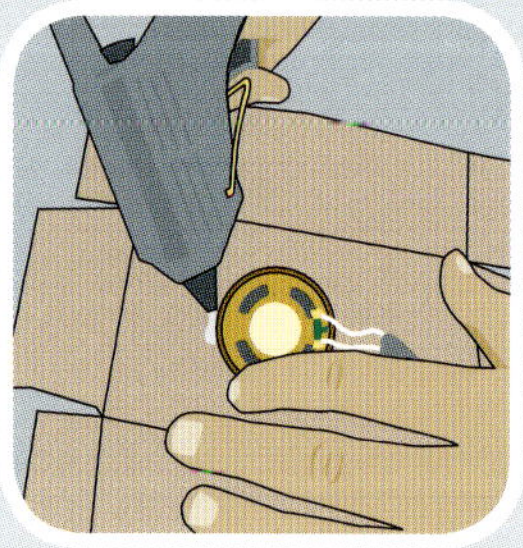

Lautsprecher hineinkleben.

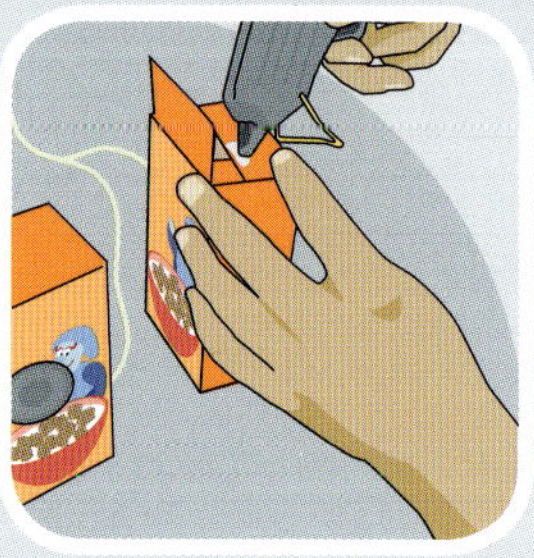

Drähte durch die Einkerbungen ziehen; festkleben.

Einstecken und rocken!

103 Ein Hoverboard basteln

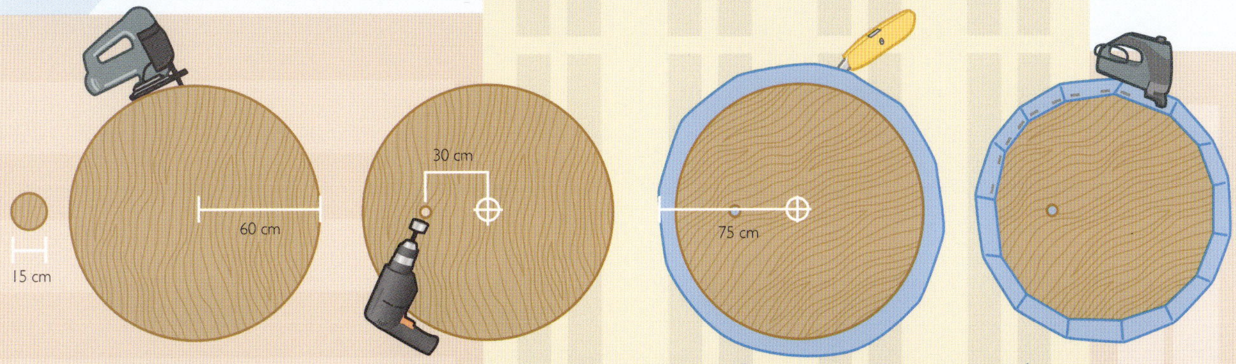

1 Zwei Scheiben aus Sperrholz zuschneiden.

2 Loch von der Größe einer Laubgebläsedüse ausschneiden.

3 Kreis aus einer Plastikplane schneiden.

4 Holzscheibe über Plane legen; festklammern.

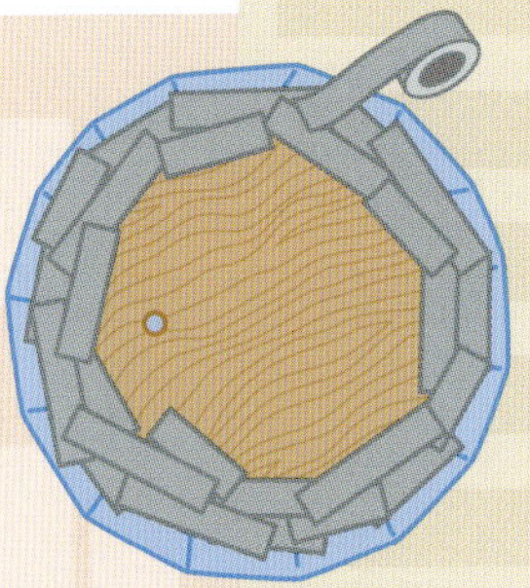

5 Überhängende Plane einfalten; Ränder abkleben.

6 Umdrehen; kleine Scheibe in der Mitte festschrauben.

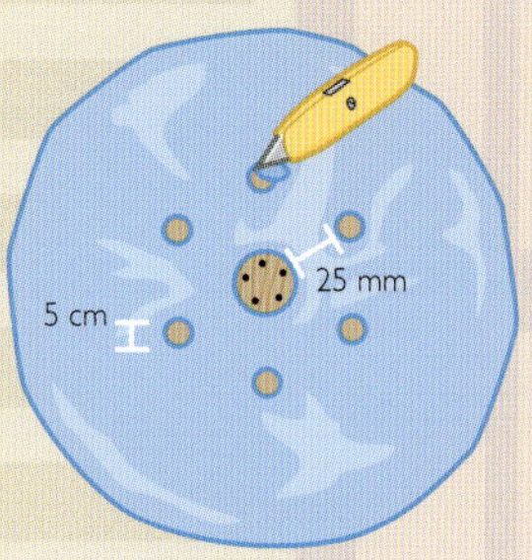

7 Öffnungen in die Plane schneiden.

8 Gebläse mit Isolierband über dem Loch befestigen und los geht's!

riskieren

104 Aus einem Flugzeug springen

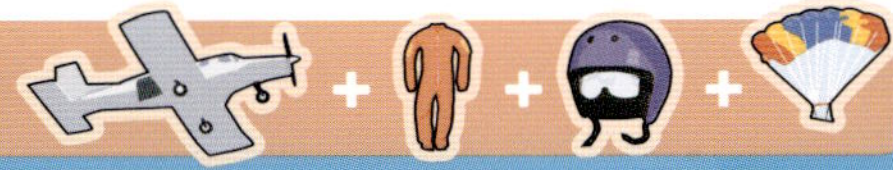

105 Stilvoll fliegen

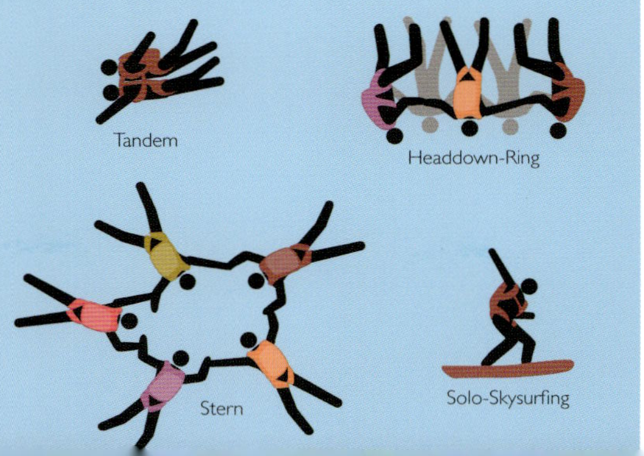

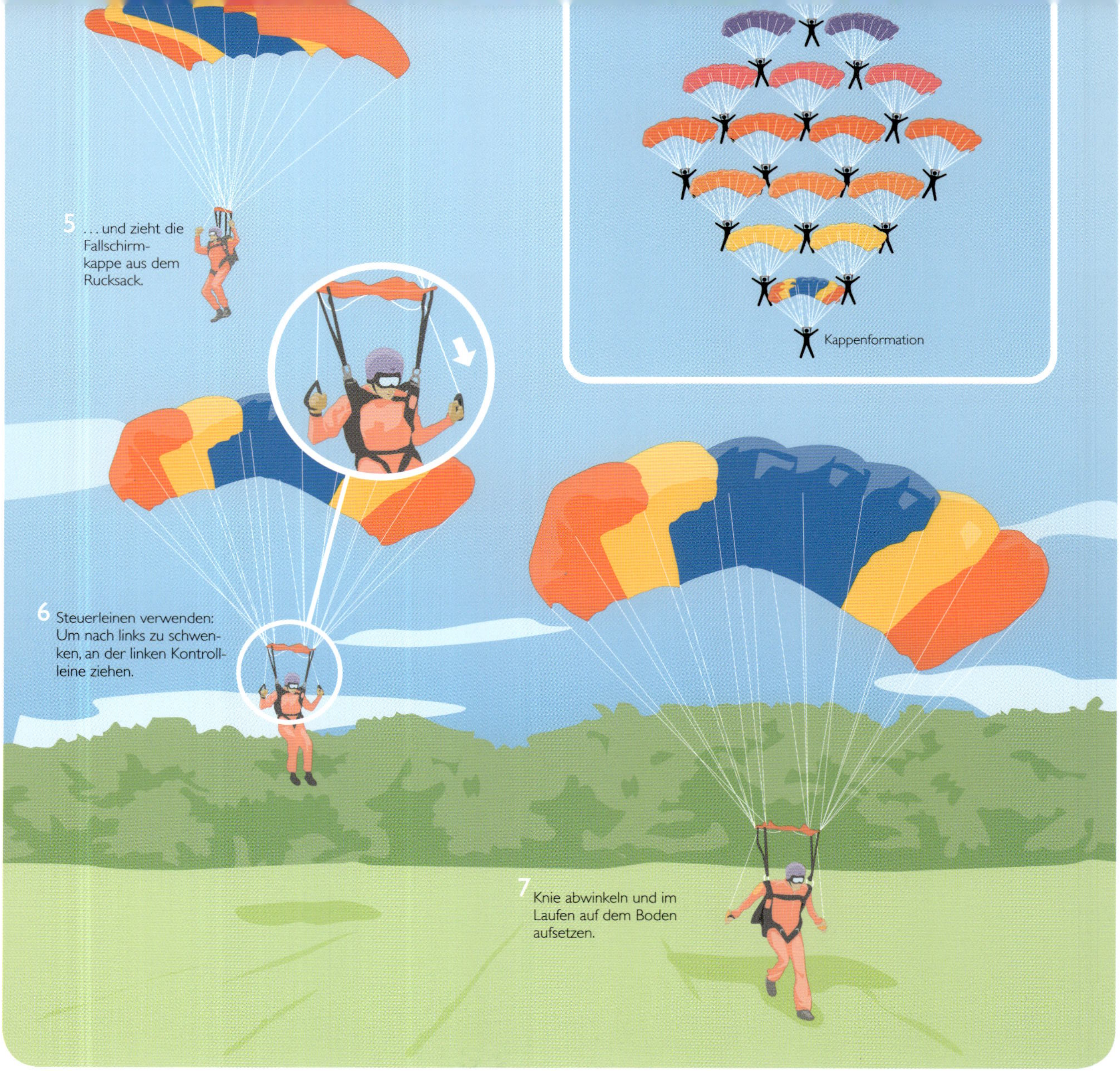
5 … und zieht die Fallschirmkappe aus dem Rucksack.
Kappenformation
6 Steuerleinen verwenden: Um nach links zu schwenken, an der linken Kontrollleine ziehen.
7 Knie abwinkeln und im Laufen auf dem Boden aufsetzen.

106 Mit einem Raketenrucksack reisen

Sicher festschnallen.

Zum Abheben Gashebel anziehen.

Lenkstange nach vorn drücken, um vorwärts zu fliegen.

Mit der linken Hand steuern.

Gashebel zum Landen nach unten drücken.

Glückliche Landung!

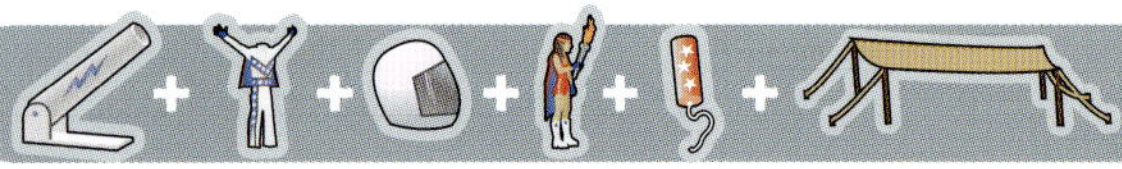

Menschliche Kanonenkugel 107

In die Kanone klettern.

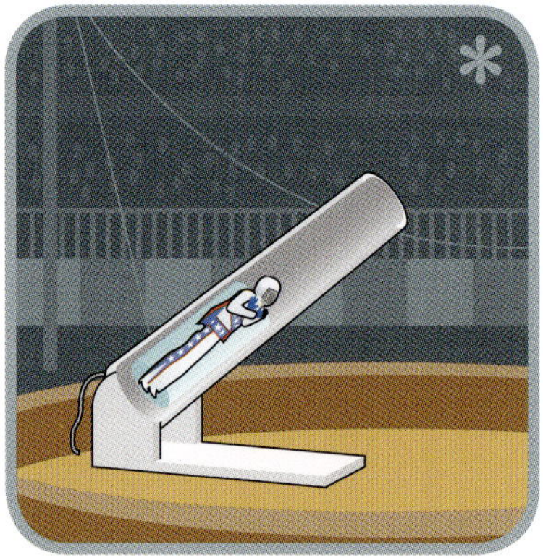

Sich in den hydraulisch angetriebenen Kanister legen.

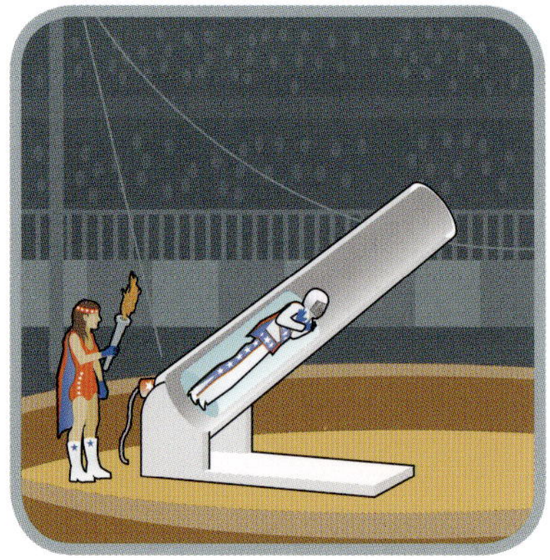

Feuerwerkskörper zünden, um lauten Knall zu erzeugen.

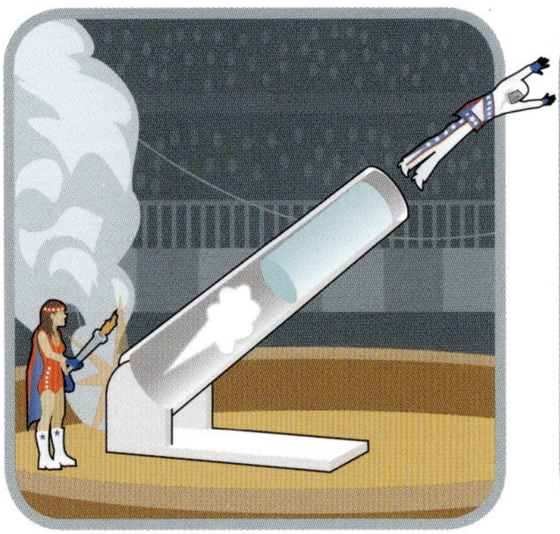

Hydraulischen Kanister aktivieren.

Im Flug Überschlag machen.

Im Netz landen.

* Der viele Rauch und das Feuer (und die Assistentin) sind nur Show. Der Draufgänger wird von einem hydraulischen Kanister „weggeschossen" – dabei gibt es keine angesengten Sprunganzüge!

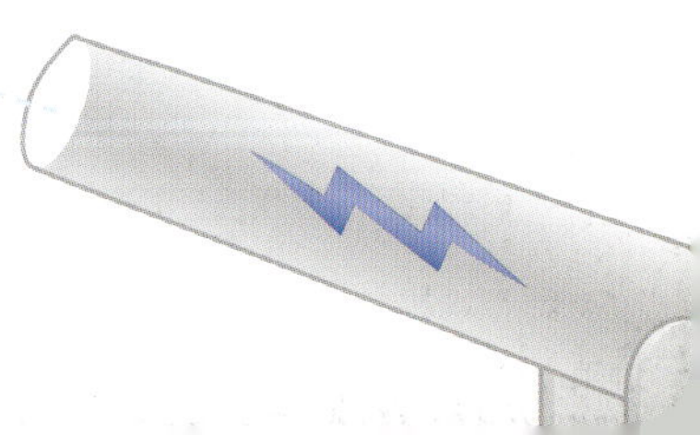

108 Kitesurfen auf dem offenen Meer

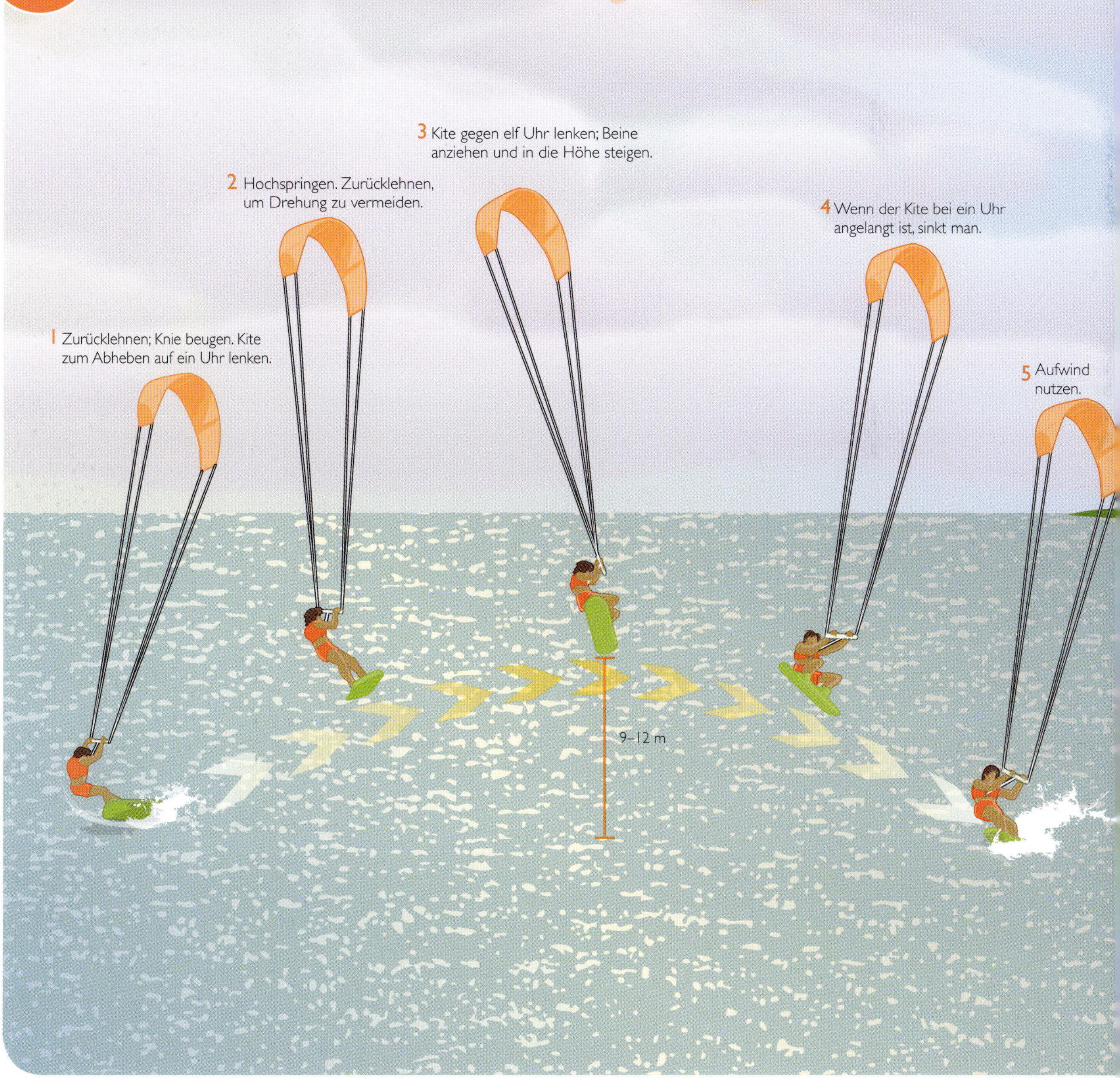

Hängegleiten auf einem Hangwind 109

Ein Hangwind entsteht, wenn Wind auf ein Hindernis trifft (wie eine Klippe) und scharf nach oben abgelenkt wird. Hängegleiter steigen im Zickzackflug in der Windsäule auf, um an Höhe zu gewinnen.

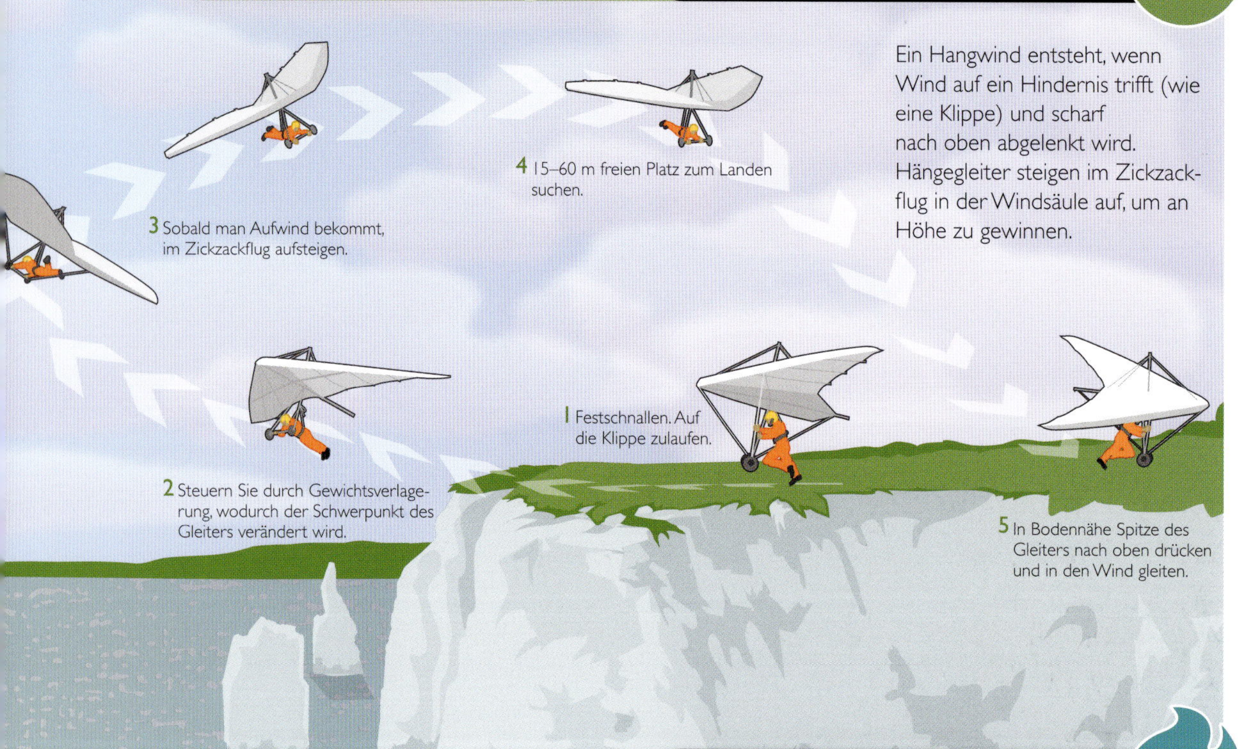

Von einer Klippe springen 110

Einen sicheren Platz zum Springen ausfindig machen.

Nach Felsen absuchen.

Kerzengerade stehen.

Springen!

111 Feuer speien

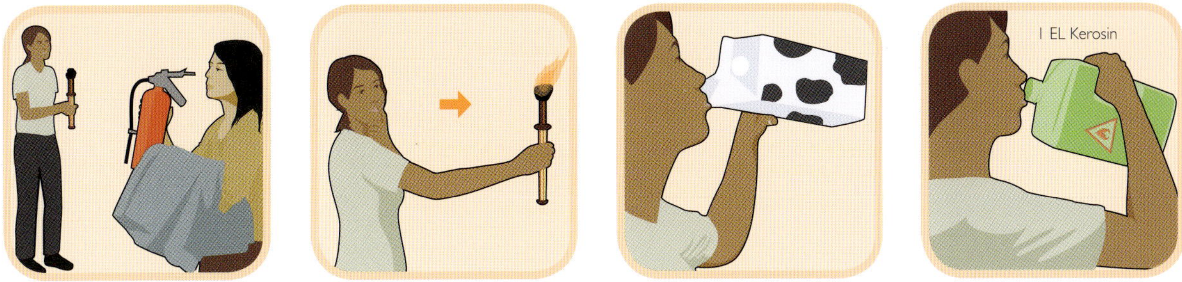

Sicherheitsvorkehrungen treffen.

Anzünden; Windrichtung prüfen.

Milch neutralisiert Kerosin.

Im Mund lassen.

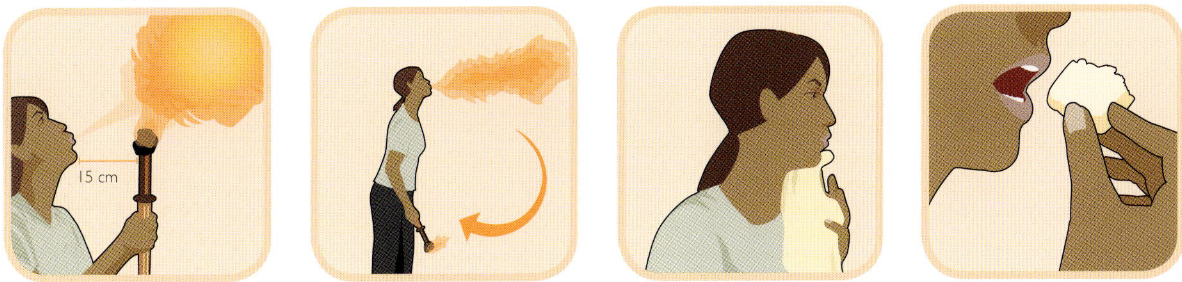

Kerosin aus dem Mund sprühen.

Fackel senken.

Mit feuchtem Tuch abwischen.

Brot saugt das Kerosin auf.

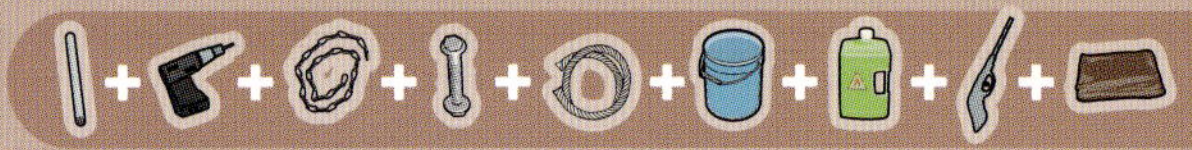

Eine Feuerpeitsche basteln

112

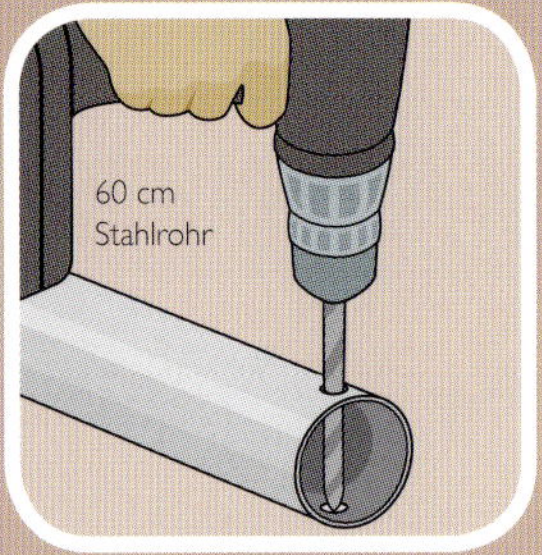

Loch durch das Rohr bohren.

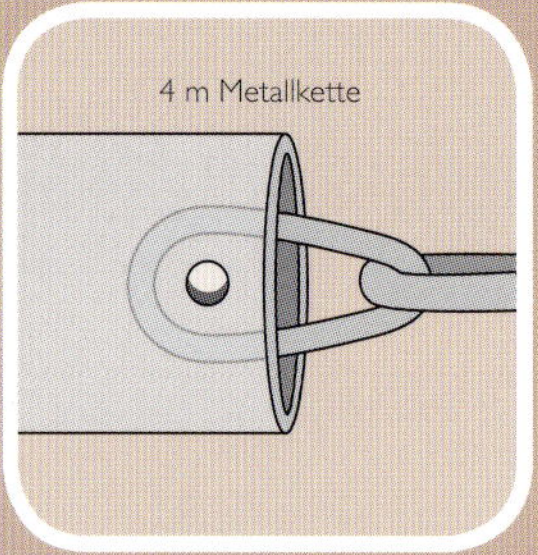

Kette einführen.

Mit Schraube und Mutter sichern.

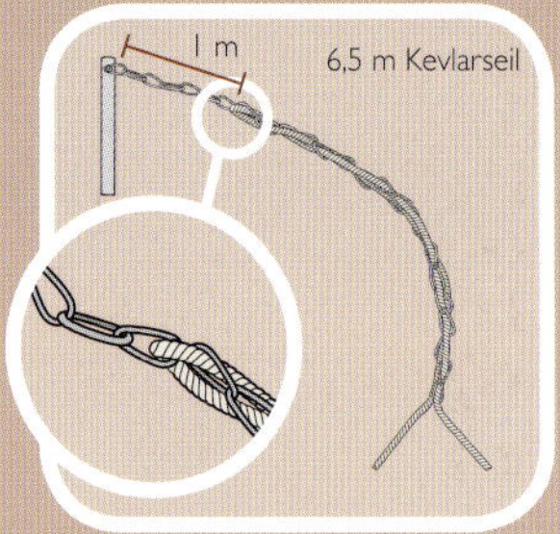

Seil durch Kette flechten.

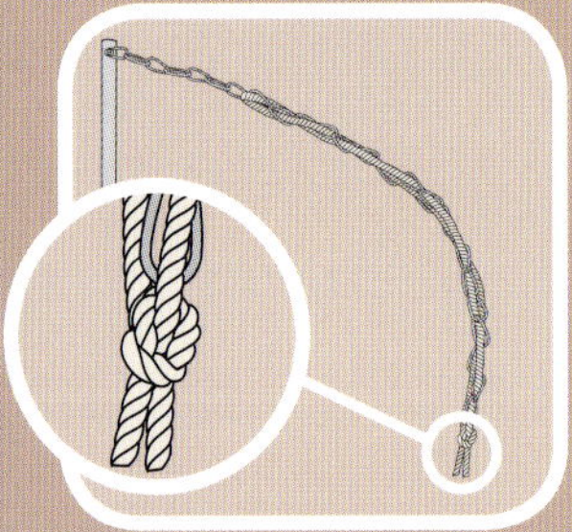

Unten verknoten.

Kette aufwickeln; in Kerosin tauchen.

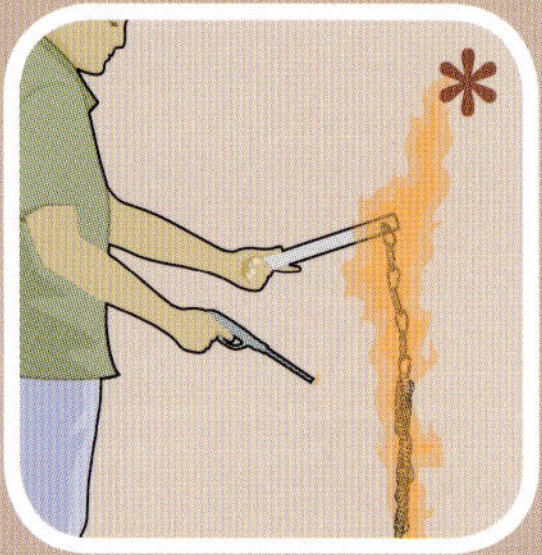

Vom Körper weghalten; anzünden.

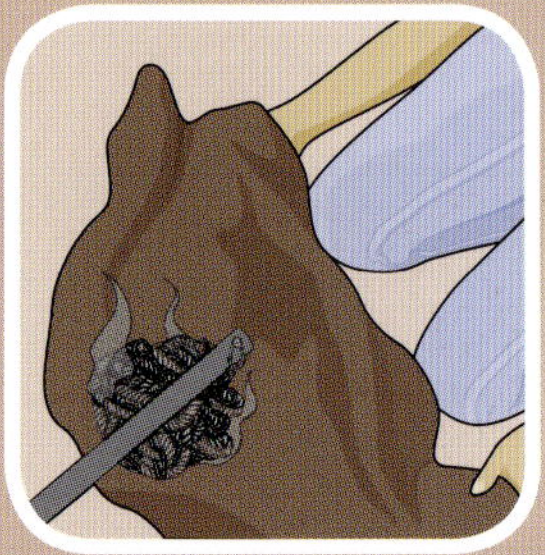

Flamme mit feuchtem Tuch ersticken.

* Eine Feuerpeitsche ist beeindruckend; ein Besuch im Krankenhaus hingegen nicht! Sie sollten immer einen Wassereimer mit Tuch und einen Feuerlöscher griffbereit haben!

113 Eine Trockeneisbombe werfen

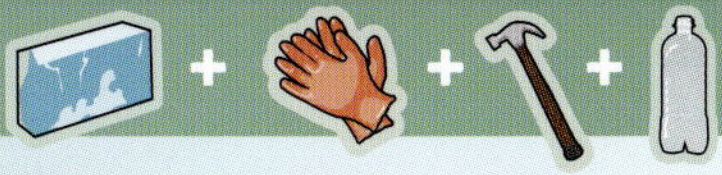

Trockeneis zerstückeln.

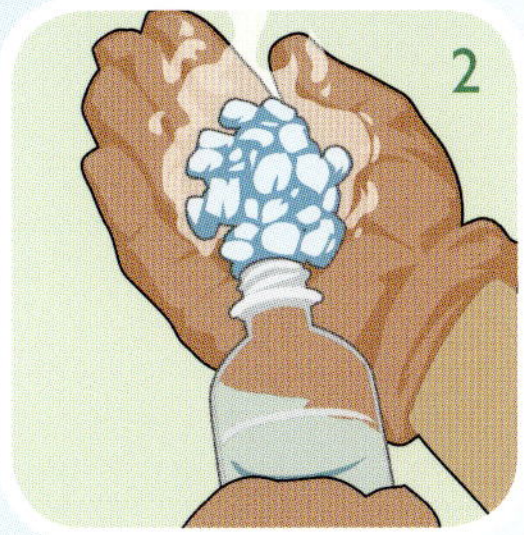

Flasche zu einem Viertel anfüllen.

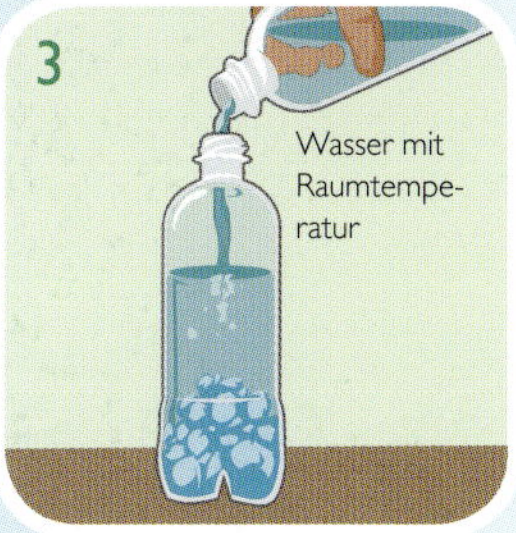

Zwei Drittel der Flasche anfüllen.

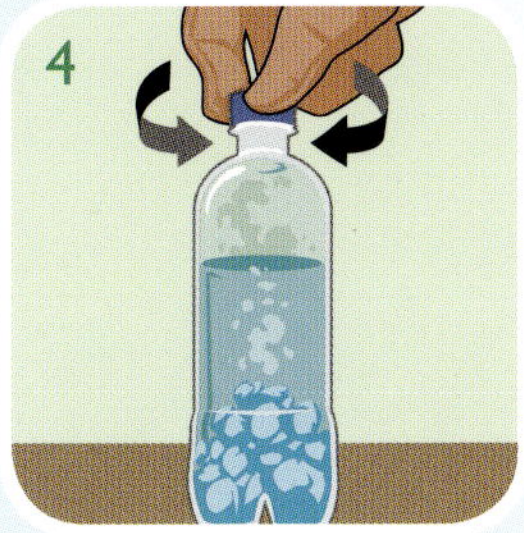

Flasche verschließen.

Sofort werfen.

Eine Samenbombe säen 80

Auf die Explosion warten.

* Falls die Explosion nicht gleich erfolgt, gehen Sie keinesfalls in die Nähe der Bombe! Es kann bis zu fünfzehn Minuten dauern, bis sie detoniert.

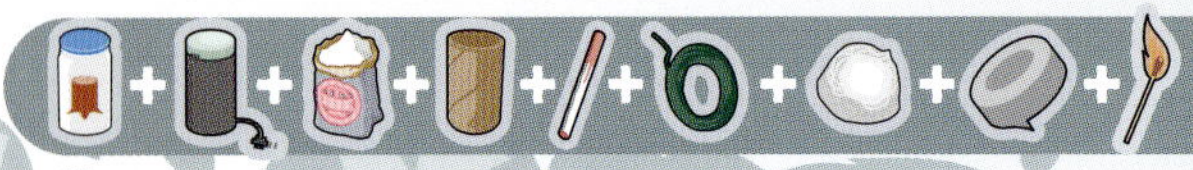

Eine Rauchwand erzeugen 114

Zu feinem Pulver zermahlen.

Bei geringer Hitze vermischen.

Zu einer braunen Paste verkochen.

In eine Papprolle geben.

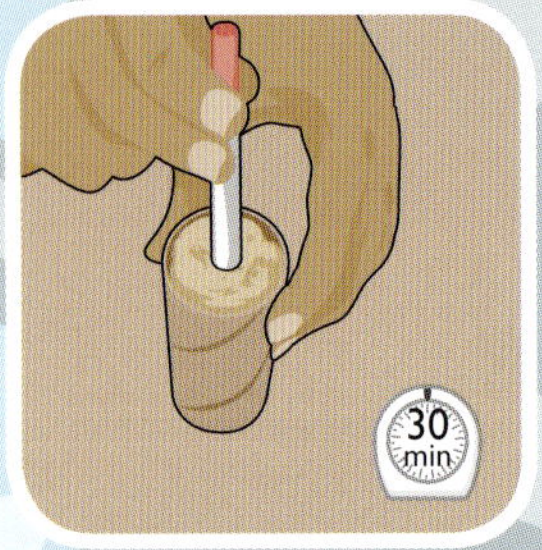

Kugelschreiber hineinstecken; trocknen lassen.

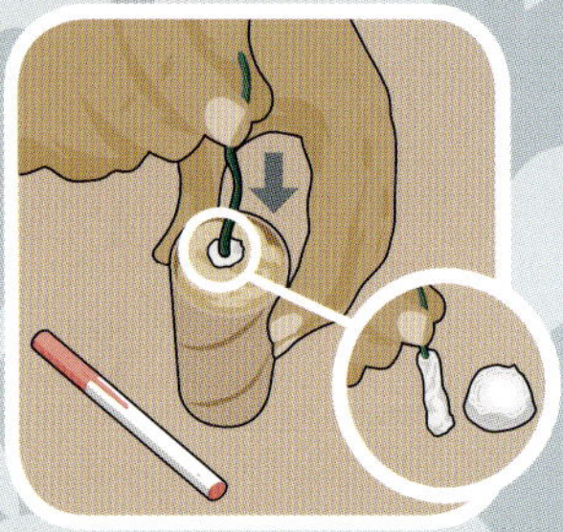

In Baumwolle gewickelte Sicherung hineinstecken.

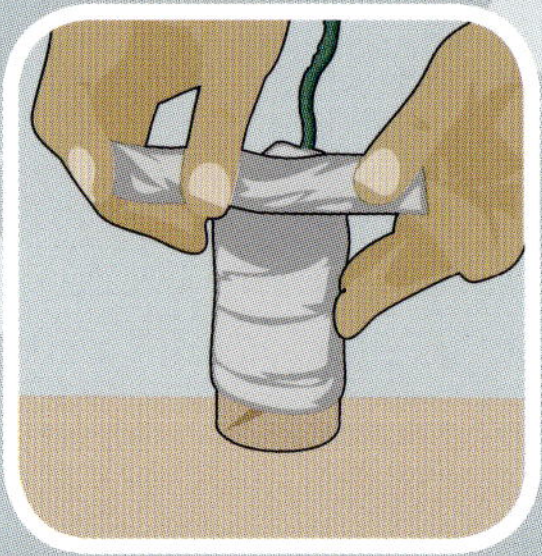

Rolle zur Gänze mit Isolierband abkleben.

Im Freien anzünden; sich in sichere Entfernung begeben.

* Der aktive Bestandteil dieser Rauchbombe ist das Kaliumnitrat im Stumpfentferner, das auch unter der Bezeichnung Salpeter, Kalisalpeter oder E 252 erhältlich ist.

115 Tätowiersymbole erkennen

Sie wollen jedem Menschen, den Sie treffen, sofort einige Dinge mitteilen? Versuchen Sie es doch mit einer Tätowierung! Diese codierten Symbole stammen aus Gefängnis-, Stammes- und Seefahrttraditionen.

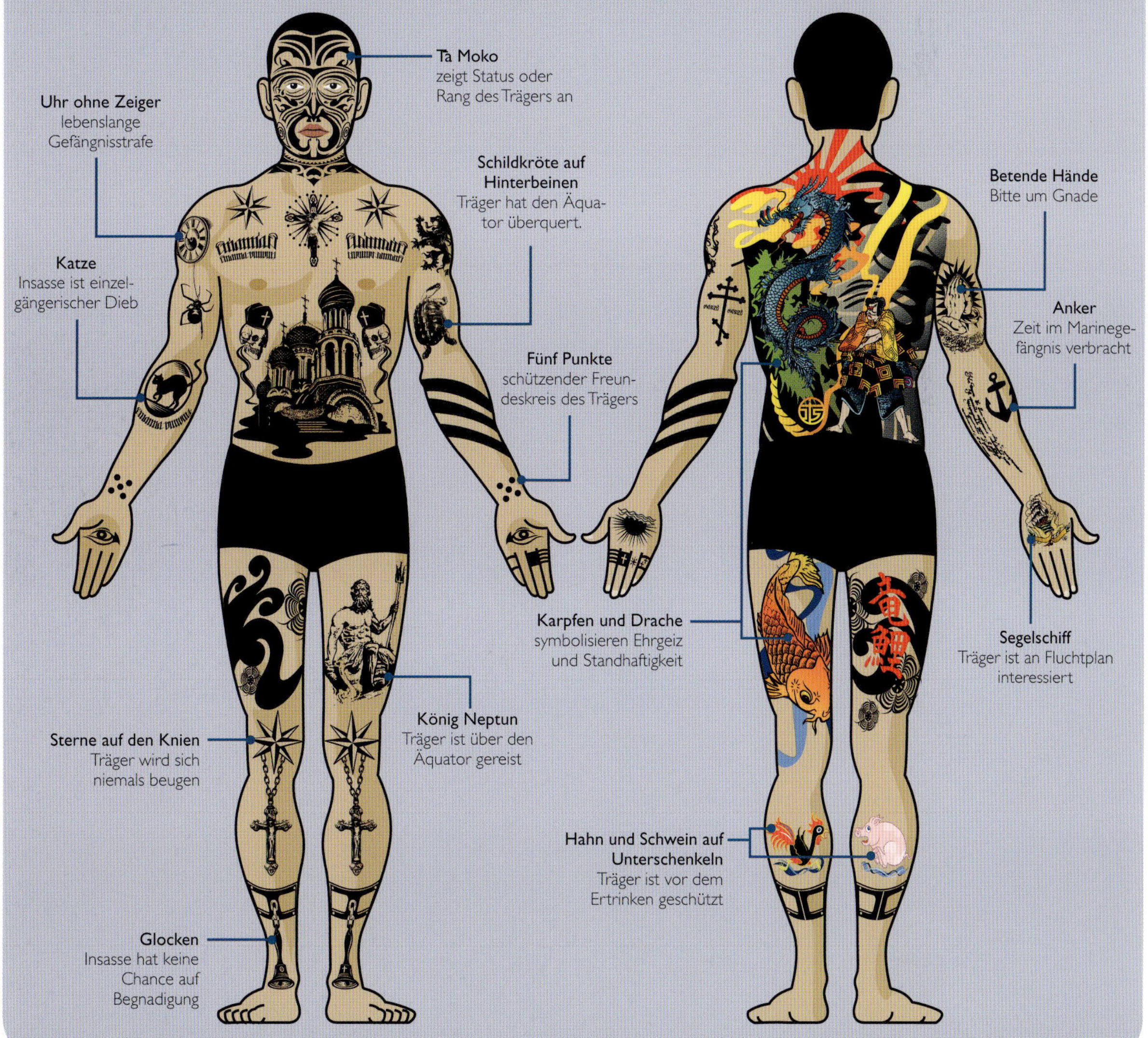

Eine Tätowiermaschine basteln 116

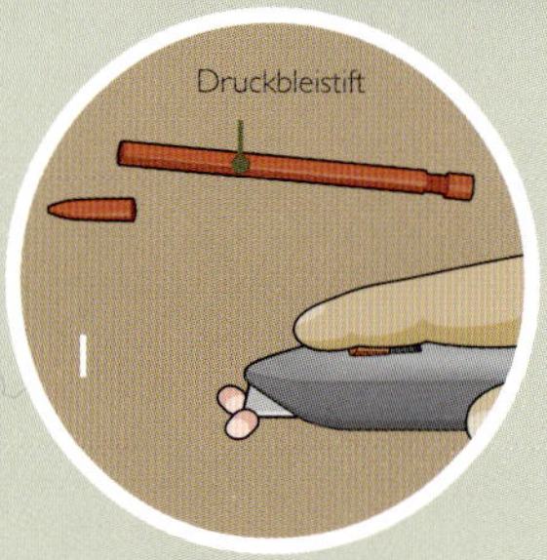

Spitze und Radiergummi entfernen; Radiergummi in zwei Teile schneiden.

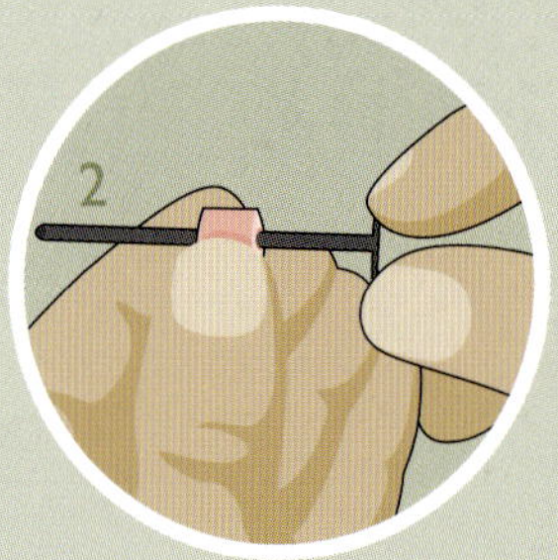

In eine Hälfte Loch stechen; andere Hälfte wegwerfen.

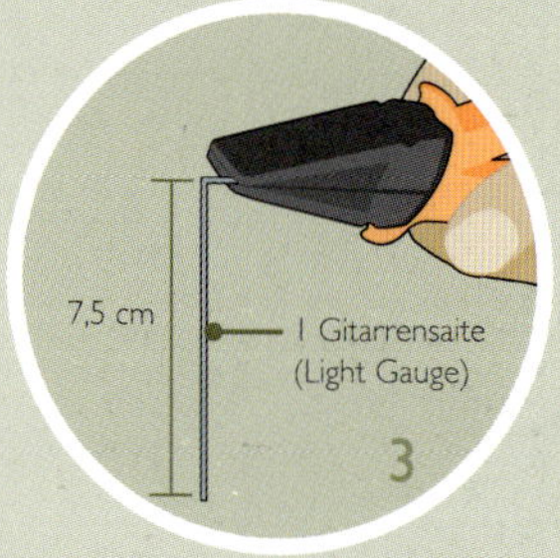

Gitarrensaite abschneiden; Spitze im rechten Winkel biegen.

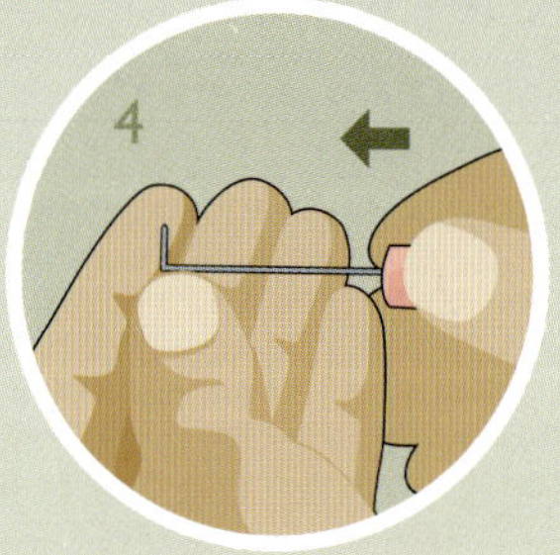

Draht durch die Radiergummihälfte schieben.

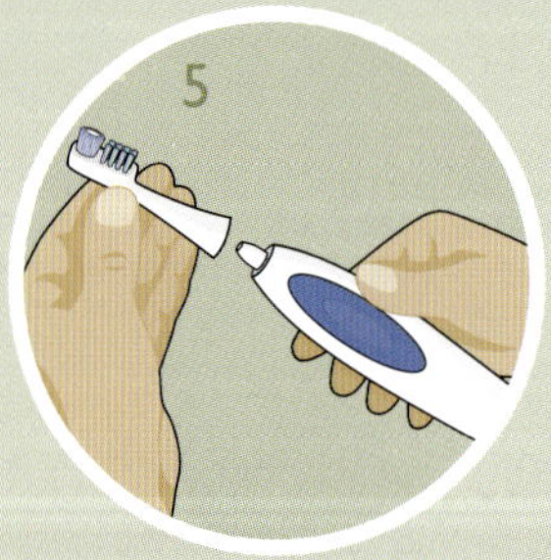

Aufsatz einer elektrischen Zahnbürste entfernen.

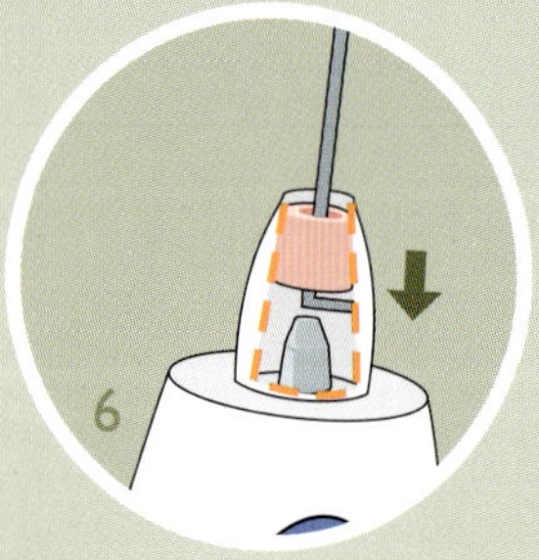

Fest auf den Metallschaft drücken.

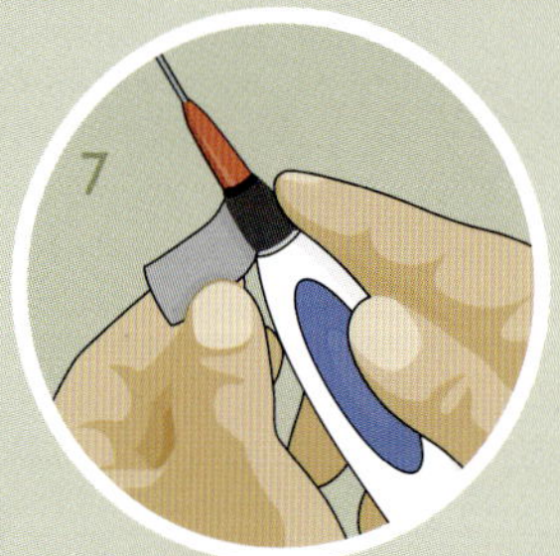

Bleistiftspitze mit Klebeband an der Zahnbürste befestigen.

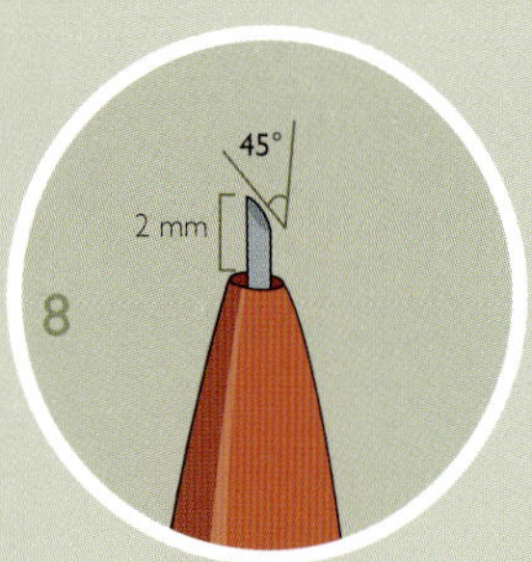

Draht über der Bleistiftspitze im Winkel abschneiden.

9 Spitze in Tintenfass tauchen; ausgiebig auf Bananenschale üben, ehe man sich an Menschen wagt.

117 Im Güterwaggon reisen

„Trainhopping“ überlässt man am besten Landstreichern und Obdachlosen. Falls Sie es dennoch versuchen wollen, vergewissern Sie sich, dass Sie den richtigen Wagen für eine gefahrlose Reise aussuchen. Springen Sie niemals auf einen rollenden Eisenbahnwagen!

1 Am Wachpersonal vorbeischleichen.

2 Arbeiter nach abfahrenden Zügen fragen.

3 Auf rollende Wagen achten.

4 Wagentür öffnen.

5 Tür blockieren; Gratisfahrt genießen.

6 Abspringen, wenn der Zug langsamer wird.

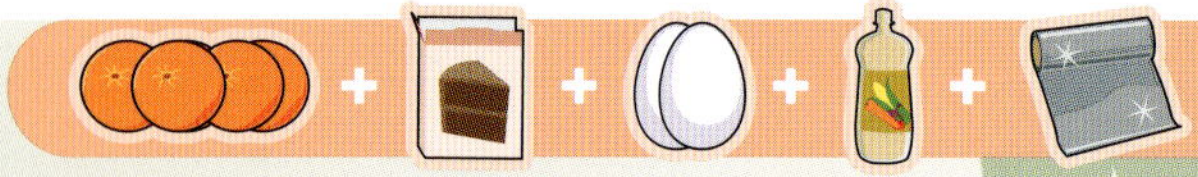

Einen Landstreicherkuchen backen

Aushöhlen, Deckel aufbewahren.

Kuchenteig zubereiten.

Zur Hälfte mit Teig füllen; zudecken.

Einzeln in Alufolie wickeln.

Auf Kohlen legen; mehrmals umdrehen.

Auswickeln und servieren.

119 Billigen Fusel herstellen

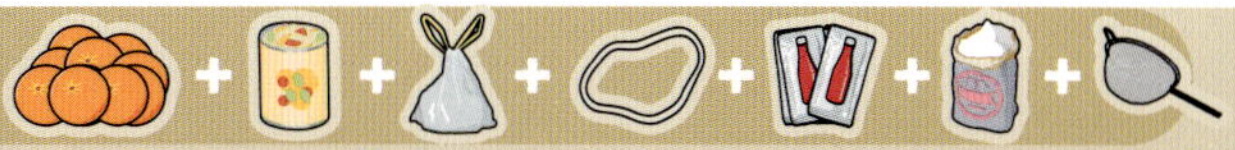

In einen Müllsack geben.

Zu Brei stampfen.

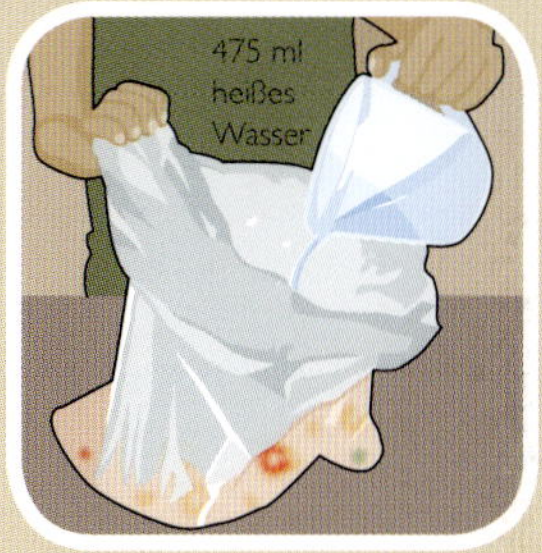

Wasser dazugeben; gut schütteln.

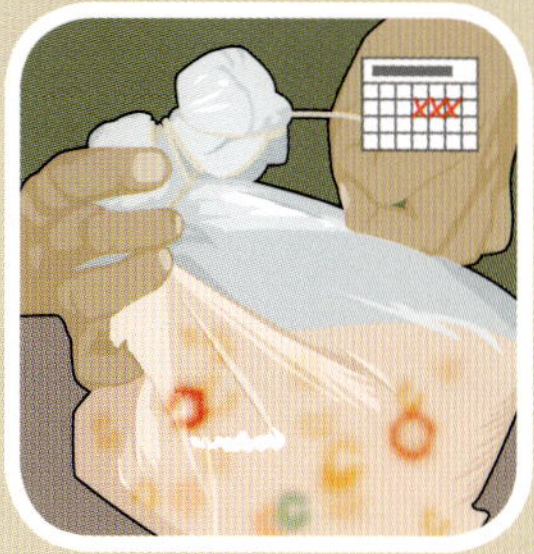

Mit Gummiringen verschließen; warten.

120 Den Morgenkaffee inhalieren

Kaffee mahlen.

In Wasser kochen.

Durch Sieb gießen; Kaffeesatz wegwerfen.

Zu Sirup verkochen.

11 Einen Martini mixen

Zucker und Ketchup dazugeben.

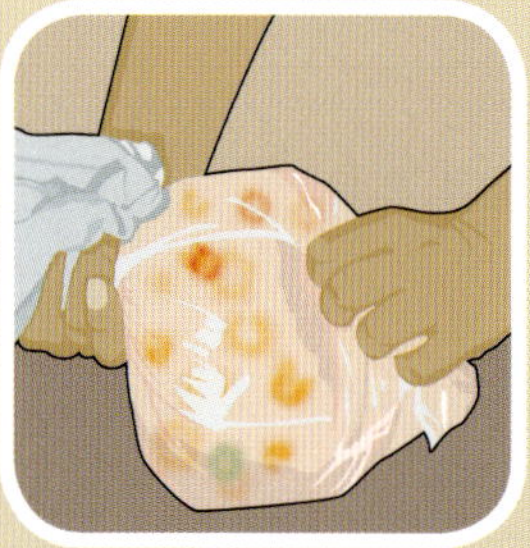

Zum Vermischen kneten.

Einmal täglich Gas entweichen lassen.

Durch ein Sieb gießen; auf eigenes Risiko trinken.

Dieser widerliche Schnaps ist in Gefängnissen und Ausbildungslagern sehr beliebt (in den USA kennt man ihn unter der Bezeichnung „Pruno“). Für einen freien Menschen gibt es keinen Grund, dieses Getränk herzustellen und zu trinken.

Gummiharz dazugeben.

Öfter umrühren und zu Teer verkochen.

Teer in eine Pfeife geben.

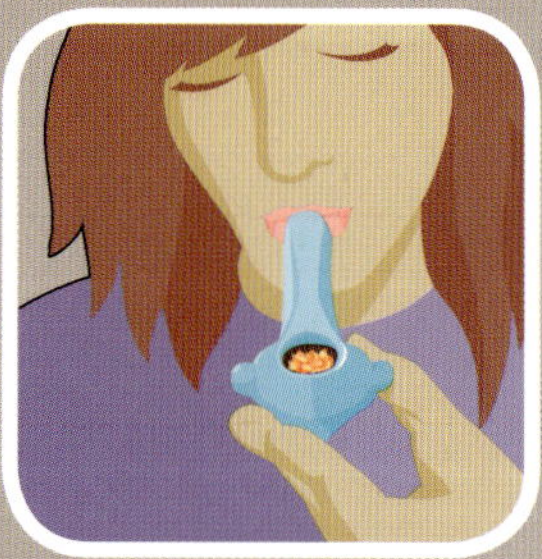

Anzünden; hellwach werden.

Vorsicht! Manche Gummiharze enthalten gefährliche Zusätze. Um ganz sicherzugehen, sollten Sie das Rezept niemals ausprobieren!

121 In einem Koffer abhauen

Tiefe Kerben in die Seiten zweier Koffer schneiden.

Löcher mit Aufklebern abdecken.

Aufsichtspersonal ablenken; ungesehen in den Zug schleichen.

So hinlegen, dass die Löcher aneinander anschließen.

Hinaufklettern und sich selbst einschließen.

Während der Fahrt leise sein.

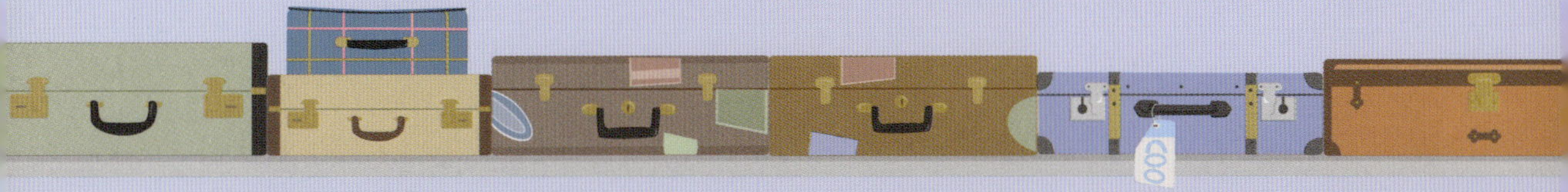

Eine Zwangsjacke abstreifen 122

*Wenn Sie den stärkeren Arm an den Körper drücken, können Sie den Ellbogen später leichter über den Kopf schieben.

123 Über eine Klippe abseilen

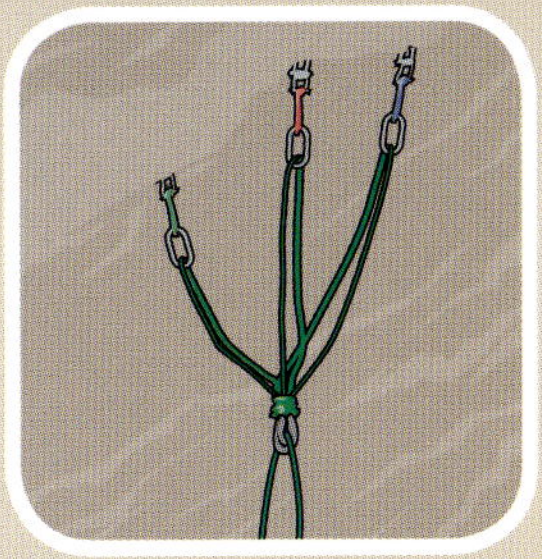

Mehrfachanker verwenden.

Klettergurt anlegen.

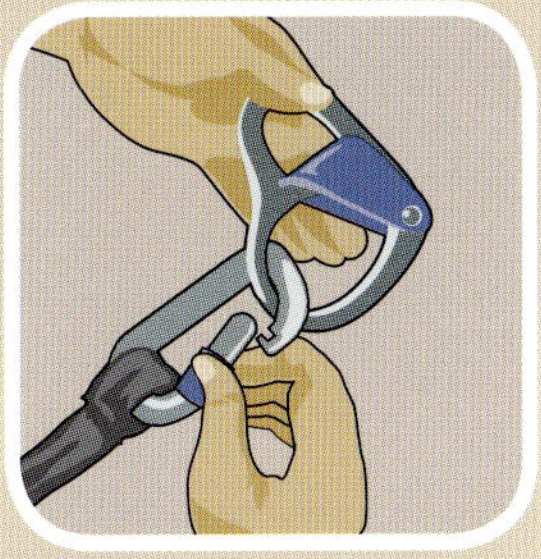

Sicherungsgerät einhaken.

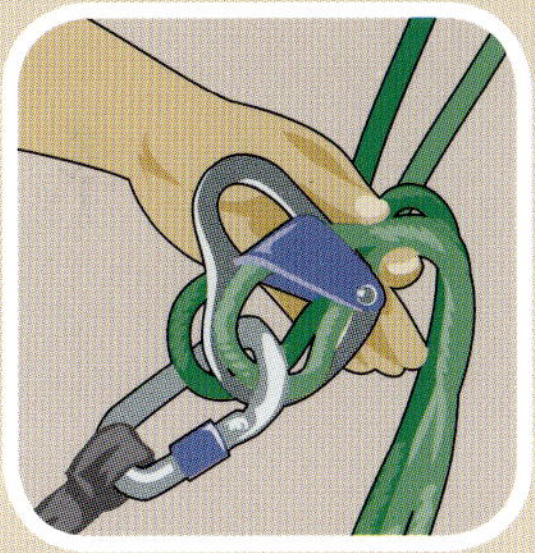

Zwei Seile durchfädeln; verschließen.

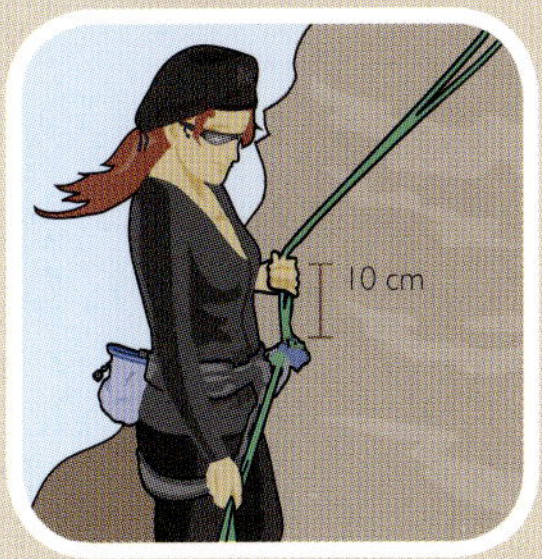

Seil fassen.

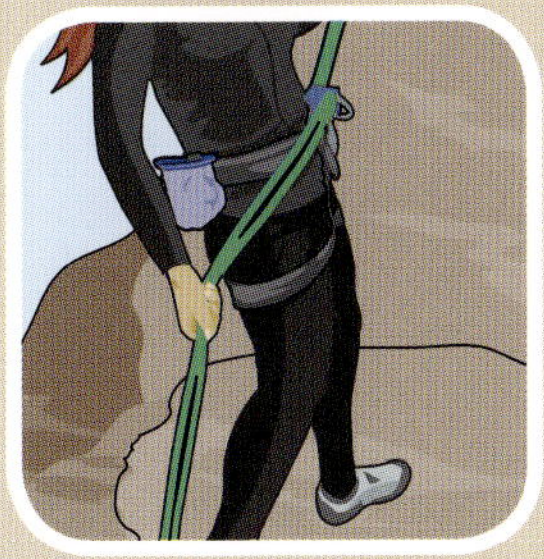

Überschüssiges Seil packen.

Um die Hüften wickeln.

Die Klippenwand hinabgehen.

Kletterschuhe

Gurtband; Karabiner

Sicherungsgerät; Seil

Kreidesäckchen

Klettergurt

Auto unter Wasser verlassen 124

Ein Hoverboard basteln 103

1 Fenster hinunterkurbeln.

2 Sobald möglich, Tür öffnen.

3 Sicherheitsgurt lösen.

4 An die Wasseroberfläche schwimmen.

* Wenn das Auto zum Teil mit Wasser gefüllt ist, gleicht sich der Druck im Wageninneren mit dem Wasserdruck aus und Sie können die Tür öffnen.

125 Eine 180-Grad-Wendung machen

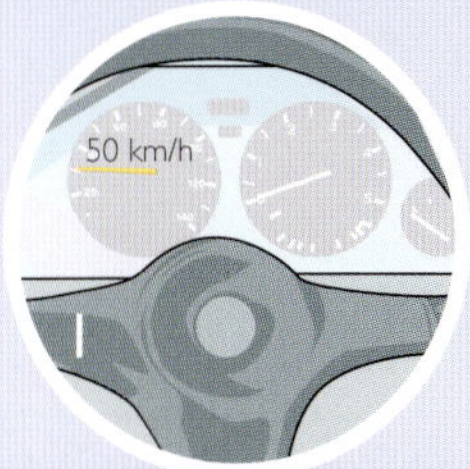

Geschwindigkeit angleichen.

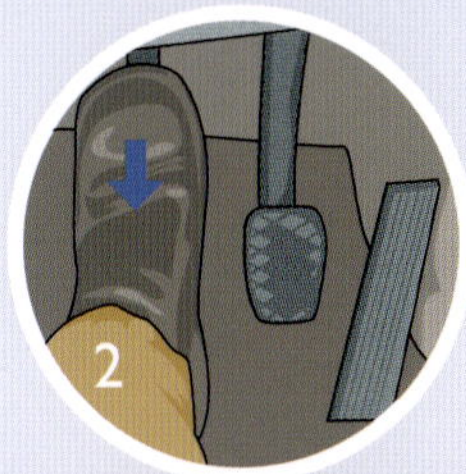

Kupplung durchtreten.

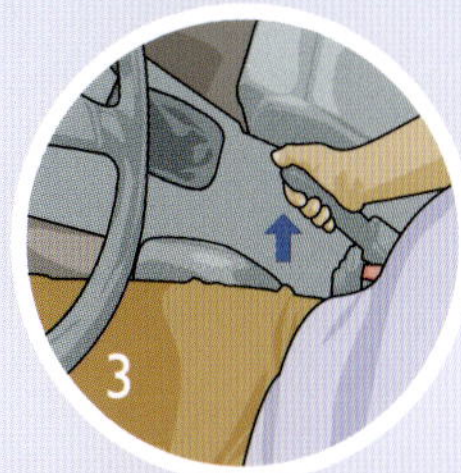

Handbremse ziehen, während Sie ...

... das Lenkrad nach links von zwölf auf sechs Uhr drehen.

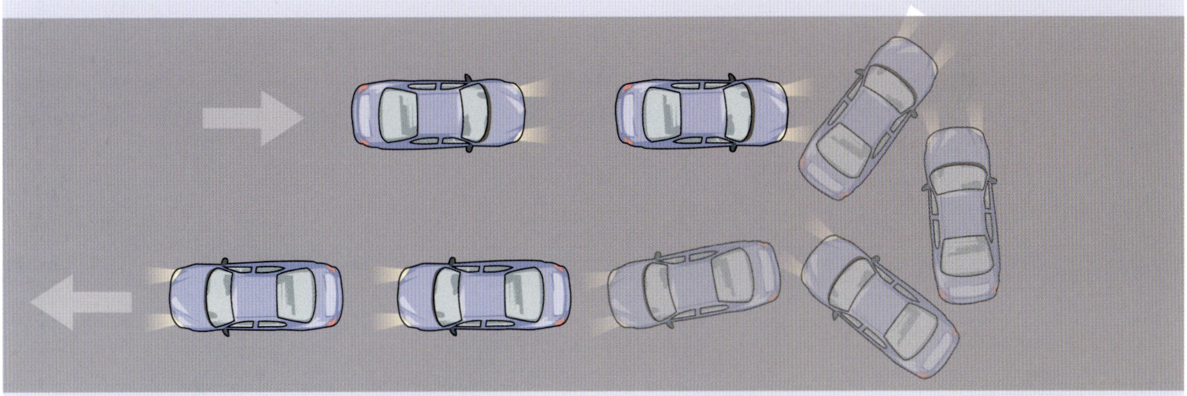

Auf zwölf Uhr zurückschnellen lassen.

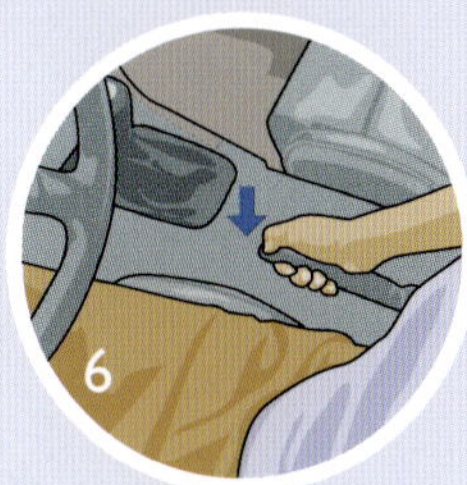

Handbremse lösen.

In den ersten Gang schalten.

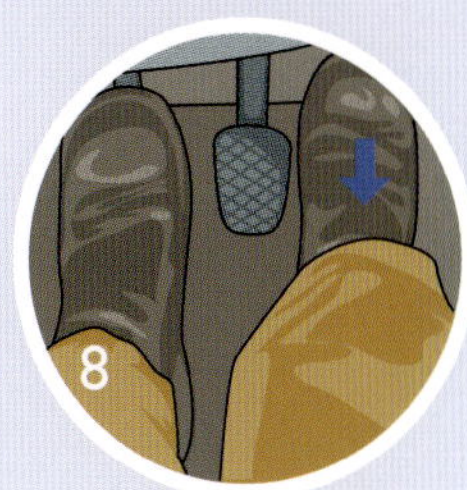

Beschleunigen.

In den ersten Gang schalten.

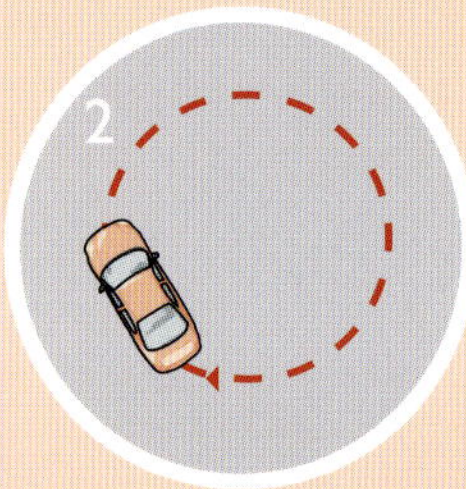

Im Kreis fahren.

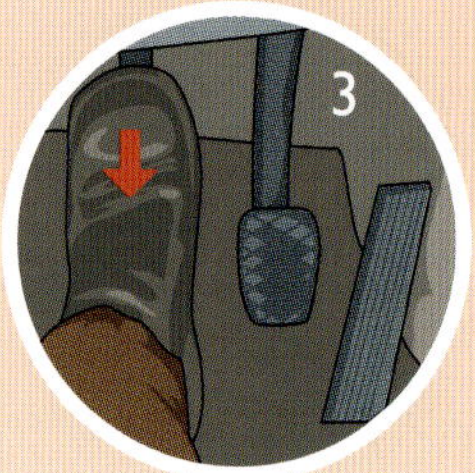

Kupplung treten, …

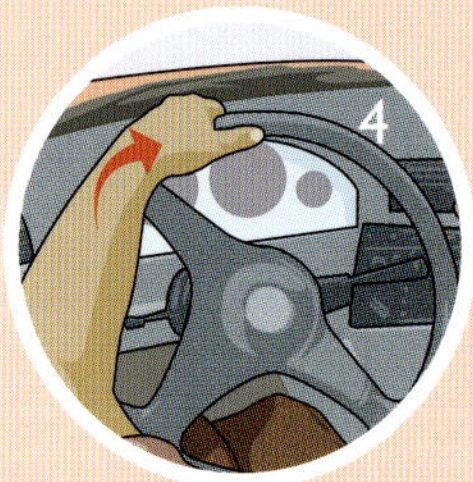

… während Sie das Lenkrad stark einschlagen …

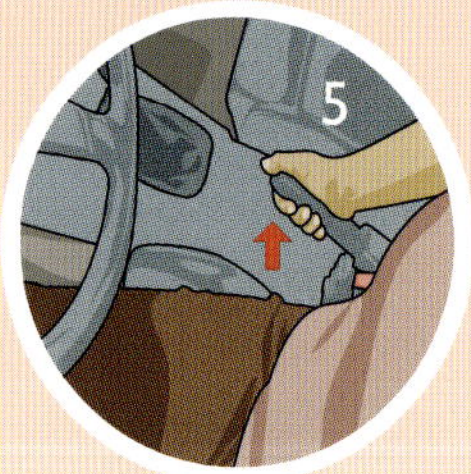

… und die Handbremse anziehen.

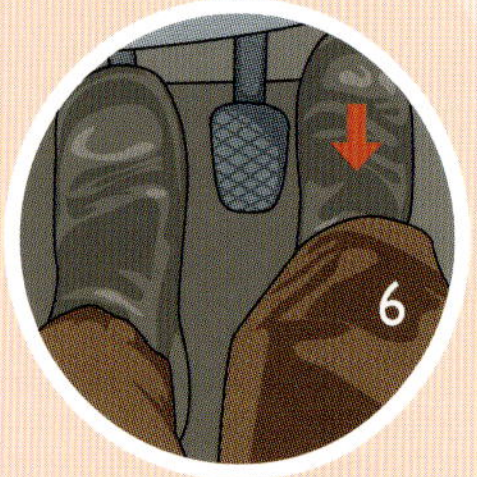

Gaspedal komplett durch-treten …

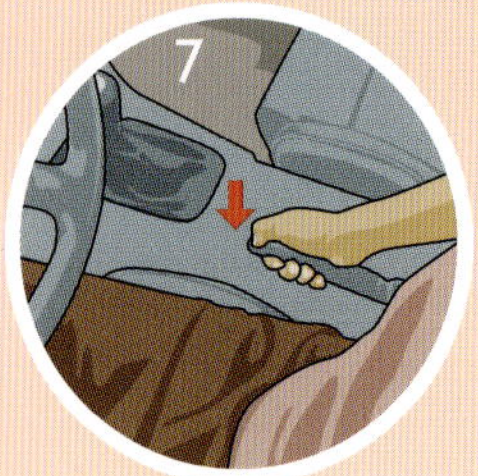

… während Sie die Handbremse lösen.

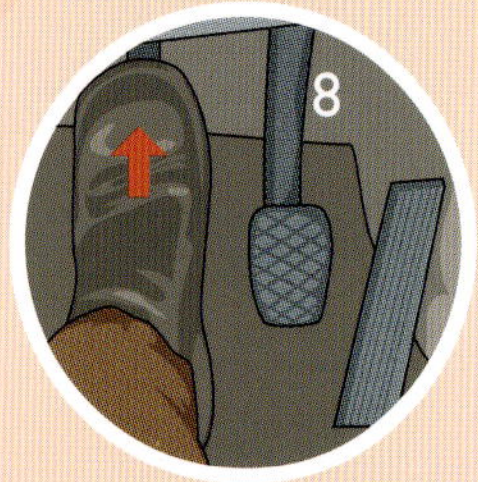

Kupplung lösen.

127 Sweet Wheelie

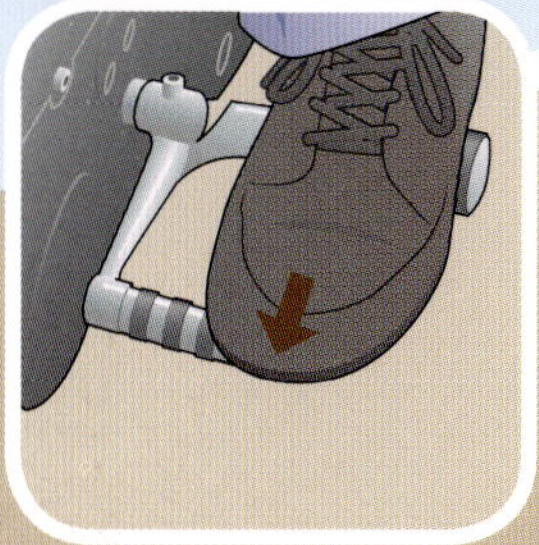

In den ersten Gang schalten.

Motor auf zwei Drittel der Kapazität bringen.

Kupplung ziehen; voll beschleunigen.

Zurücksetzen.

128 In einer Rauchwolke flüchten

Auto mit abgefahrenen Reifen verwenden.

Eine Pfütze aus Motoröl machen.

Einsteigen; Sicherheitsgurt anlegen.

Über die Pfütze fahren, um die Reifen mit Öl zu bedecken.

Gas geben; Kupplung auslassen.

Fuß über der Hinterbremse halten.

Hochziehen; Vorderrad gerade halten.

Gas wegnehmen, Vorderrad aufsetzen.

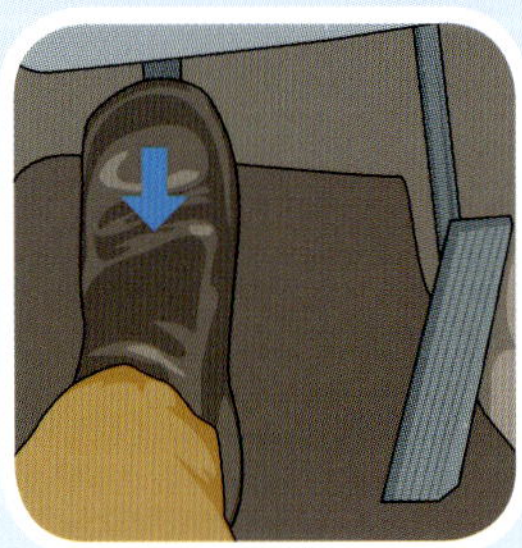

Mit dem linken Fuß die Bremse betätigen.

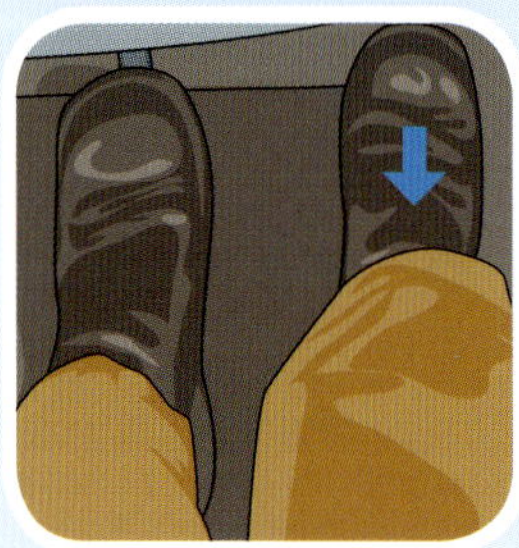

Bremse halten; für durchdrehende Reifen auf Gaspedal tippen.

Gaspedal komplett durchtreten; Bremse lösen.

In der Rauchwolke verschwinden.

129 Beim Roller-Derby randalieren

In den 1920ern wurden die Zuschauer zum ersten Mal von sexy Frauen in Begeisterung versetzt, die beim Roller-Derby glänzten. Die Regeln sind einfach – zwei Jammer jagen zwei Minuten lang um die Bahn, während die Blocker des anderen Teams versuchen, sie zu stoppen.

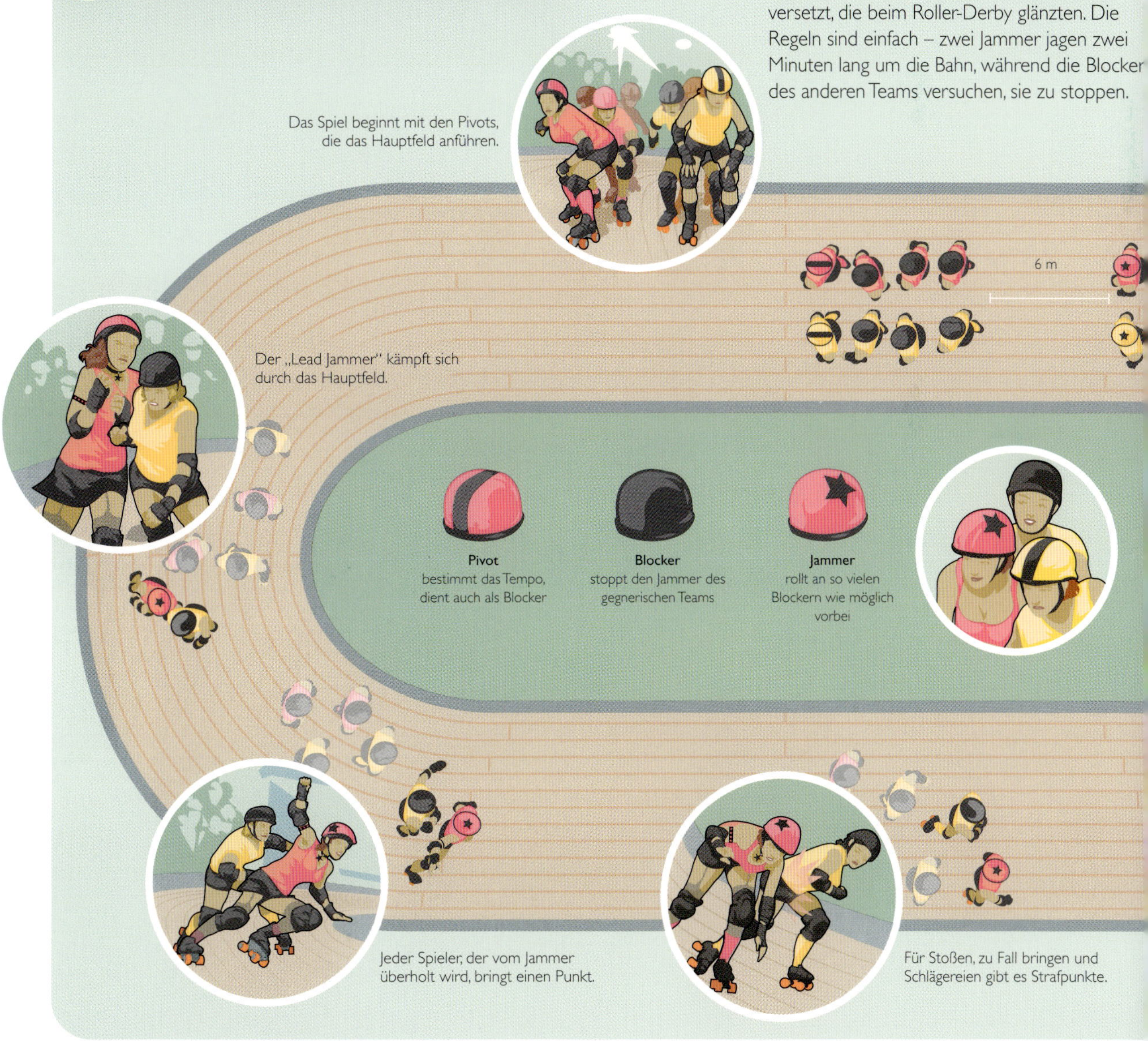

Der Lead Jammer beendet einen Jam in dieser Pose.

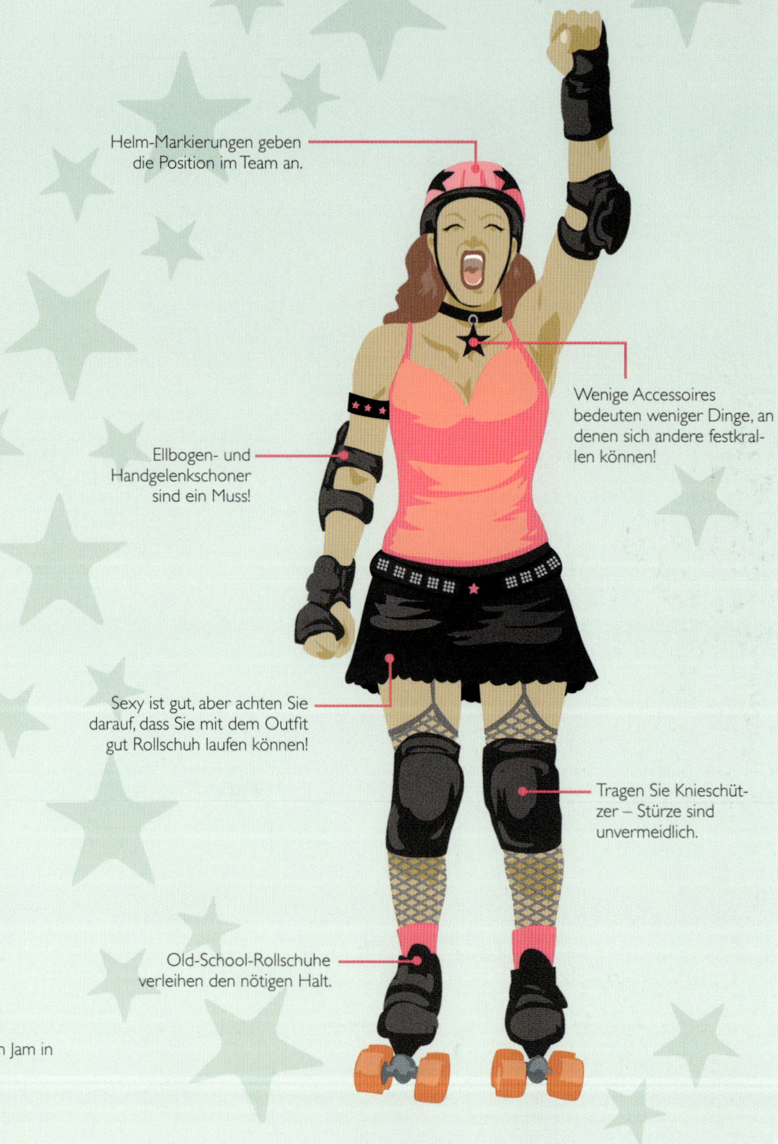

131 Einen Powerslam ausführen

Die Menge anfeuern.

Gegner mit einem Tritt auf den Solarplexus benommen machen.

Gegner in die Seile werfen.

Gegner fassen, wenn er zurückprallt.

Schwung ausnutzen, um ihn hochzustemmen.

Drehen; niederschleudern.

Schlägerei unverletzt überstehen 132

Versuchen, Konflikt zu vermeiden.

Den Verrückten spielen.

Etwas Unerwartetes machen.

Nach Glas und Barhocker greifen.

Mit voller Lautstärke schreien.

Bier in einem Zug austrinken 74

Getränk ins Gesicht des Gegners schütten.

Mit dem Barhocker bedrohen.

Flüchten.

Einen effektiven Schlag versetzen 133

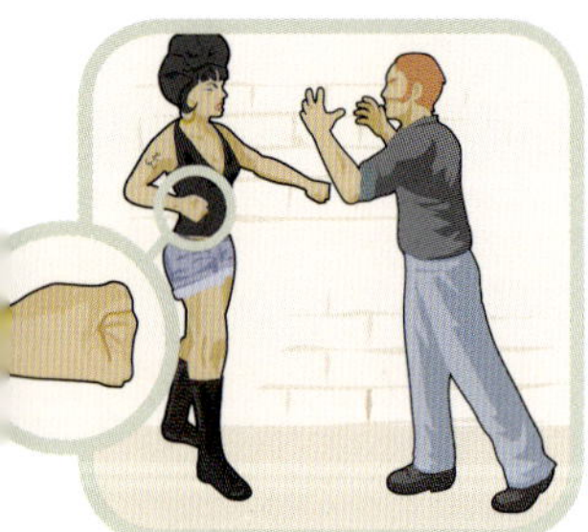

Faust mit dem Daumen außen machen.

Vorschwingen; anderen Arm zum Körper ziehen.

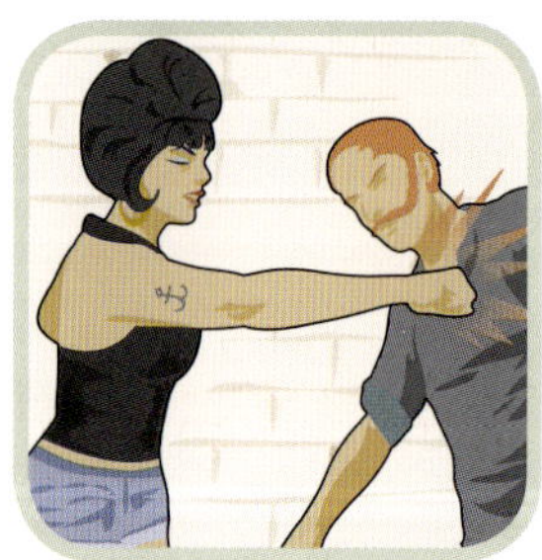

Mit den Knöcheln von Zeige- und Mittelfinger treffen.

Verteidigungshaltung einnehmen.

134 Eine Alarmanlage basteln

Vierecke aus Balsaholz und Pastetenform schneiden.

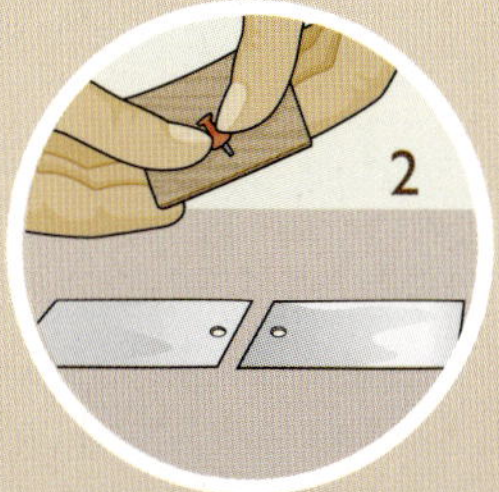

Löcher in die Nähe der Ränder der kleinen Vierecke stechen.

Einzelteile auf das große Viereck aus Holz kleben.

Blechvierecke auf die Arme der Wäscheklammer kleben.

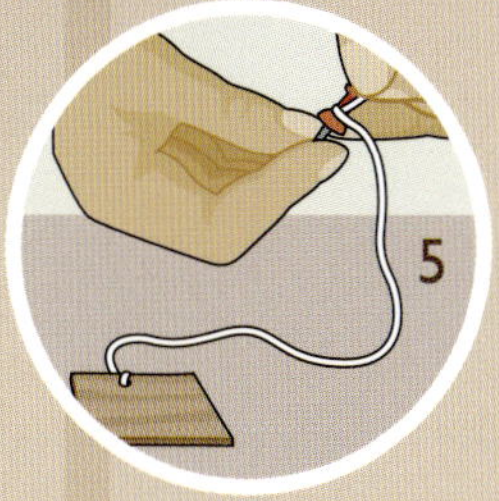

Kleines Holzviereck und Reißnagel mit Faden verbinden.

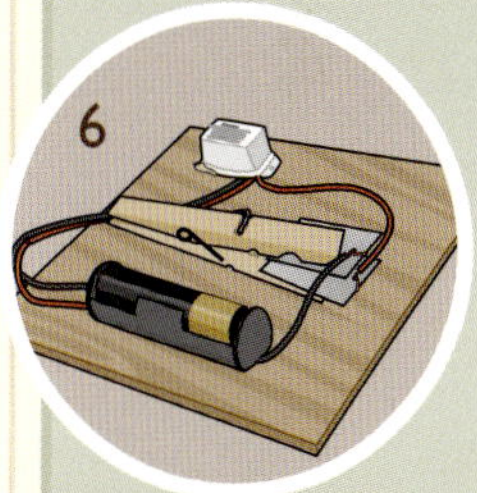

Ein Blechviereck mit Batterie verdrahten; das andere mit Summer verbinden.

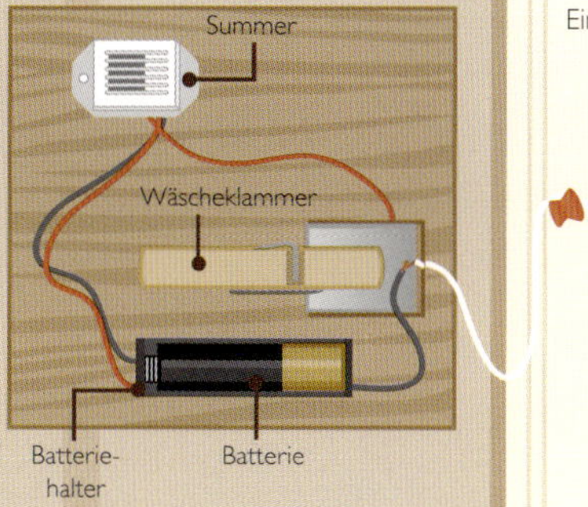

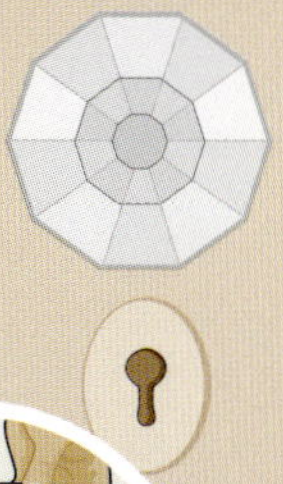

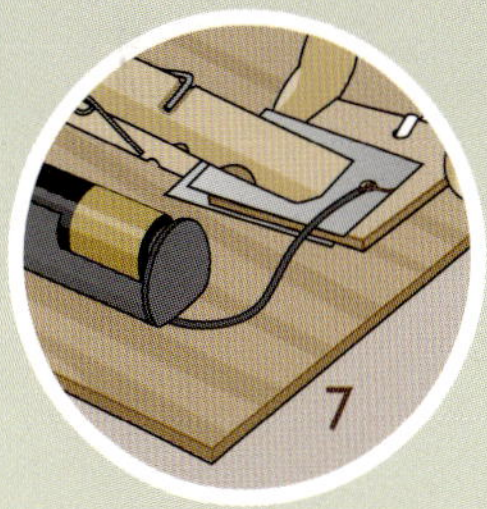

Kleines Holzviereck zwischen Blechstücke schieben.

Alarmanlage an Tür anbringen; Reißnagel in Türrahmen stecken.

Wertvolles sicher verstecken 135

Um Metalldetektoren auszutricksen, in der Nähe einer Steckdose schneiden.

Wertgegenstände in das Loch geben.

Gipskartonplatte einsetzen; übermalen.

Wollen Sie rasch an die Gegenstände gelangen, treten Sie einfach die Wand ein.

136 Die Wände hochgehen

Mit einem Bein zwischen die Wände klemmen.

Das andere Bein nachziehen

Mit den Armen nach oben drücken; hinaufgehen.

137 Von einer Wand abstoßen

Anlaufen; Punkt anvisieren, auf den der Fuß gesetzt werden soll.

Vom Boden abspringen.

Linkes Bein herumschwingen.

Auf den Landepunkt schauen.

Springen wie ein Stuntman

Anlauf nehmen.

Hand aufsetzen; abspringen.

Beine über das Hindernis schwingen.

Knie beim Landen locker halten.

139 Einen Alligator niederringen

Im Zickzack laufen.

Flucht unmöglich? Auf den Nacken drücken.

Augen zuhalten.

Beißt er, mit der Faust auf die Schnauze schlagen.

140 Einen Hai vertreiben

Den Rücken schützen.

Auf die Seite schlagen.

Auf die Nasenspitze schlagen.

Eine Anakonda besiegen

Im seichten Wasser vorsichtig sein.

Tief einatmen; Atem anhalten.

So kräftig wie möglich in den Schwanz beißen.

Einen Stein nehmen; auf den Kopf schlagen.

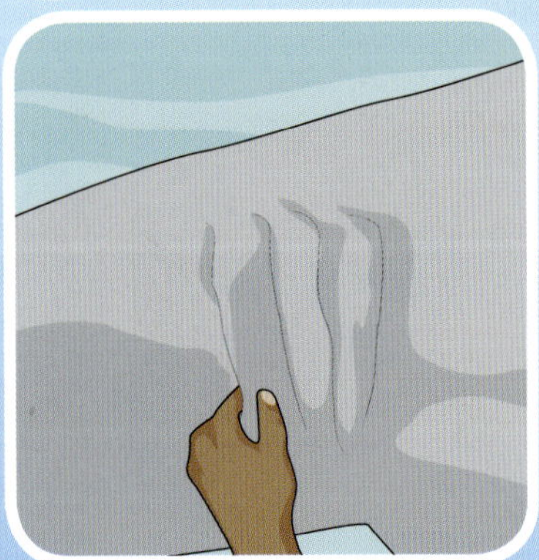

Hand zwischen die Kiemen stecken.

58 Im Geschirrspüler kochen

Hai ins Auge stechen.

Fliehen; Wunden sofort verarzten.

142 Ninjawaffen kennen

Einen Gefangenen kielholen 143

Zwei Beiboote ins Wasser lassen.

Langes Seil an den Händen festbinden.

Ein zweites Seil an den Füßen festbinden.

Beiboote auf beide Seiten des Schiffes steuern.

Gefangenen ins Wasser werfen.

Den Schurken über die Rankenfußkrebse ziehen.

Gegebenenfalls wiederholen.

Die Entschuldigung des Gefangenen akzeptieren.

Einen Flammenbart tragen 144

Hanf einflechten; Enden frei lassen.

Hanfenden mit Pech beschmieren.

Pech anzünden.

Attacke!

145 Ihr Erzschurkenhaustier wählen

Ein verbrecherisches Leben erhöht Ihren Blutdruck? Streicheln Sie eine Katze, um Ihre Hypertonie zu vermindern.

Betonen Sie Ihre moderne Seite durch klare Linien und mechanische Effizienz von Haien mit Lasern auf den Köpfen.

Nichts macht Menschen so wirksam Angst wie eine Armee fliegender Affen in Hotelpagenkostümen.

Falls Sie ein böser Zauberer oder grausamer Herrscher sind, wählen Sie am besten eine altertümliche Bestie.

146 Mit einem Giftpfeil betäuben

54 Raketen-Spuckekugeln

1 Den Saft der Woralipflanze mit Schlangengift und Zauberkräutern verkochen.

2 Dartpfeil ins Gift tauchen und Blasrohr laden.

3 Feuer!

147 Quallen anlocken

148 Ein Schwarzes Loch erzeugen

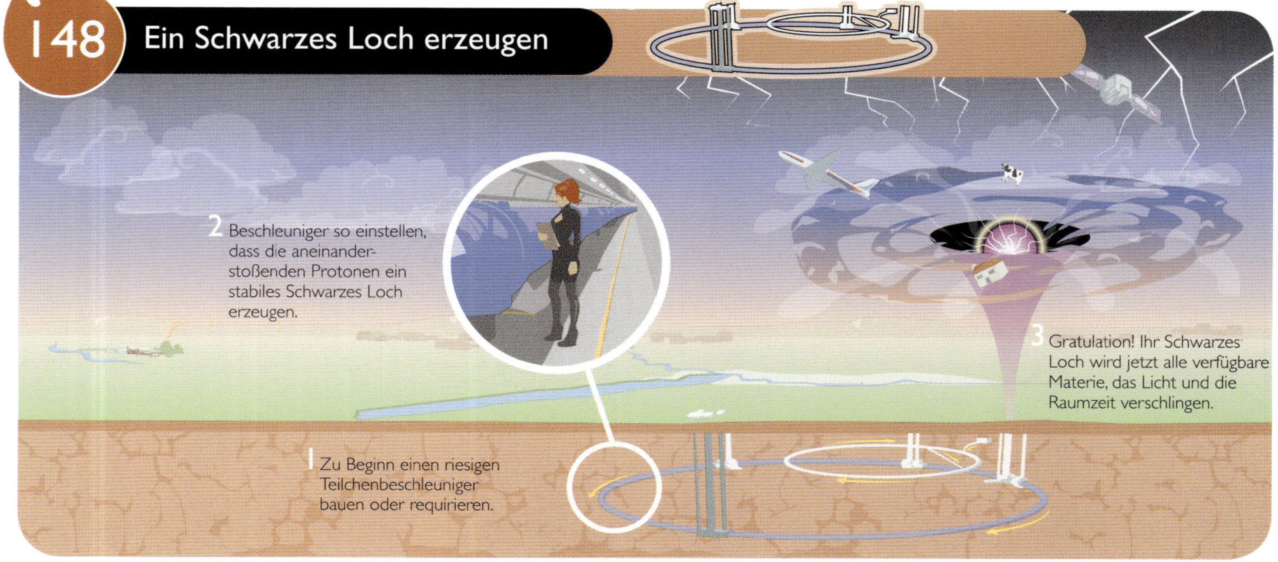

149 Ein Schwarzes Loch ablenken

Das Schwarze Loch kommt näher.

Wasserstoffbomben auf das Schwarze Loch abfeuern.

Das Schwarze Loch wird von seinem Kurs abgebracht.

* Kalkstein reagiert sofort mit Lava, wobei CO_2-Wolken ausgestoßen werden, die das geschmolzene Gestein in eine harmlose, feste Substanz verwandeln.

150 Einen Vulkanausbruch abwenden

Bevorstehenden Ausbruch erkennen.

Riesige Kalksteinwände errichten.

Kalksteinblöcke in die Lava werfen.

Lava kühlt ab; die Dorfbewohner können aufatmen.

Gefährlichen Asteroiden erkennen.

Ein Massentreiber-Geschütz ins All befördern.

Auf dem Asteroiden landen.

Ein Loch in den Kern des Asteroiden bohren.

Materie mit hoher Geschwindigkeit auswerfen.

Als Held zur Erde zurückkehren.

* Das Massentreiber-Geschütz schießt mit Bruchgestein, das hart genug ist, um den Asteroiden von seinem Kurs abzubringen und die Erde vor einem Zusammenstoß zu bewahren. Hurra!

Werkzeuge

Wassereimer
Cancan-Kleid
Gummiharz
Motorrad
Sprunganzug
Absinth
Aloe-Vera-Gel
Feuerzeug
Wasserpfeife
Plastikkanne
elektrische Zahn-
bürste
Rheinkiesel
Feuerlöscher
Blasrohrpfeil
MP3-Player
Sprühflasche
Kompost
Tabak
Plastikflasche
Wasserhahn
Wimpernkleber
Trichter
Spaceshuttle
Kiteboard
Alligator
Schlange
Kletterseil
Maisstärke
Backfett
Fluganzug
durchsichtiges
Klebeband
Schutzhandschuhe
Kerosin
Schwamm
Helikopter
Peeling-Pad
Plane
Gips
bezaubernde
Assistentin
Teller
Druckbleistift
Ohrhörer
Samen
Moos
Haarfestiger
Stumpfentferner
Kreidesäckchen
Apfel
fabelhaftes Outfit
Glanzbürste
Dessertlöffel
Worali-Pflanze
Sicherung
Auto
Bluejeans
Sicherungsgerät
Zeitschrift
Feuerwerk
Elektrogitarre
Schere
Plastikflasche
Raketenfluganzug
Trockeneis
Dartpfeil
Universalkleber
Dünger
Pin
Glas Wein
Zauberkräuter
schwere Bücher
Motoröl
Pfeife
Fallschirm
Fallschirmhelm
Werkzeugkiste
Schere
Ascot-Krawatte

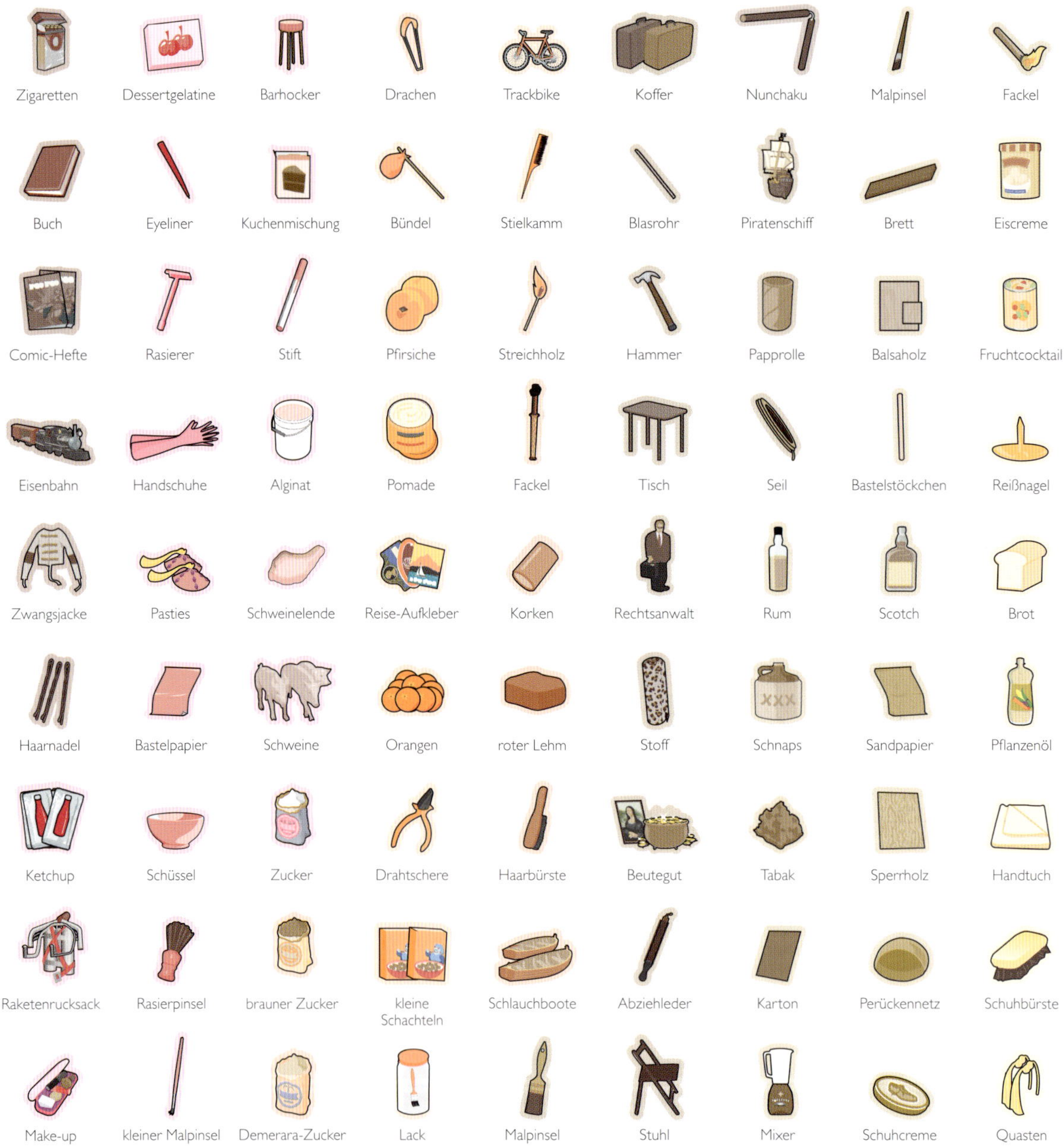
Zigaretten
Dessertgelatine
Barhocker
Drachen
Trackbike
Koffer
Nunchaku
Malpinsel
Fackel
Buch
Eyeliner
Kuchenmischung
Bündel
Stielkamm
Blasrohr
Piratenschiff
Brett
Eiscreme
Comic-Hefte
Rasierer
Stift
Pfirsiche
Streichholz
Hammer
Papprolle
Balsaholz
Fruchtcocktail
Eisenbahn
Handschuhe
Alginat
Pomade
Fackel
Tisch
Seil
Bastelstöckchen
Reißnagel
Zwangsjacke
Pasties
Schweinelende
Reise-Aufkleber
Korken
Rechtsanwalt
Rum
Scotch
Brot
Haarnadel
Bastelpapier
Schweine
Orangen
roter Lehm
Stoff
Schnaps
Sandpapier
Pflanzenöl
Ketchup
Schüssel
Zucker
Drahtschere
Haarbürste
Beutegut
Tabak
Sperrholz
Handtuch
Raketenrucksack
Rasierpinsel
brauner Zucker
kleine Schachteln
Schlauchboote
Abziehleder
Karton
Perückennetz
Schuhbürste
Make-up
kleiner Malpinsel
Demerara-Zucker
Lack
Malpinsel
Stuhl
Mixer
Schuhcreme
Quasten

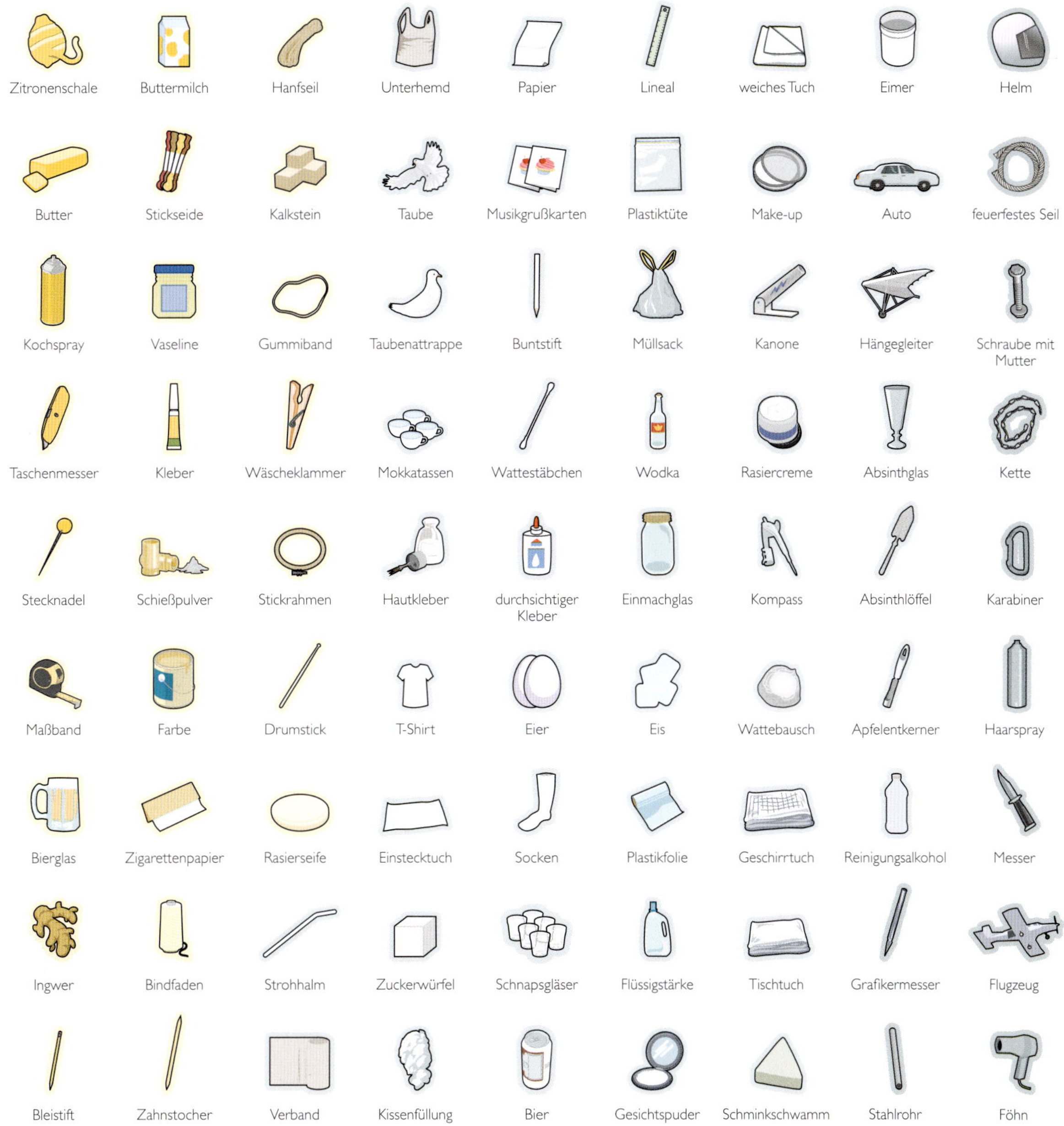
Zitronenschale
Buttermilch
Hanfseil
Unterhemd
Papier
Lineal
weiches Tuch
Eimer
Helm
Butter
Stickseide
Kalkstein
Taube
Musikgrußkarten
Plastiktüte
Make-up
Auto
feuerfestes Seil
Kochspray
Vaseline
Gummiband
Taubenattrappe
Buntstift
Müllsack
Kanone
Hängegleiter
Schraube mit Mutter
Taschenmesser
Kleber
Wäscheklammer
Mokkatassen
Wattestäbchen
Wodka
Rasiercreme
Absinthglas
Kette
Stecknadel
Schießpulver
Stickrahmen
Hautkleber
durchsichtiger Kleber
Einmachglas
Kompass
Absinthlöffel
Karabiner
Maßband
Farbe
Drumstick
T-Shirt
Eier
Eis
Wattebausch
Apfelentkerner
Haarspray
Bierglas
Zigarettenpapier
Rasierseife
Einstecktuch
Socken
Plastikfolie
Geschirrtuch
Reinigungsalkohol
Messer
Ingwer
Bindfaden
Strohhalm
Zuckerwürfel
Schnapsgläser
Flüssigstärke
Tischtuch
Grafikermesser
Flugzeug
Bleistift
Zahnstocher
Verband
Kissenfüllung
Bier
Gesichtspuder
Schminkschwamm
Stahlrohr
Föhn

Halskette
Klemme
Pinzette
Kamm
Kaffeemühle
Füllfeder
Bohrmaschine
Lippenstift
Lautsprecher
Kunststoffrohr
Rasiermesser
Schrauben
Stehleiter
Seismograf
Kopierstift
Mascara
falsche Wimpern
Tanga
Isolierband
Sieb
Sticknadel
Kletterschuhe
Leimpistole
Kajalstift
Batteriehalter
Riemenverschluss
Korsett
Pastetenform
Haarklammern
Stichsäge
Wasserstoff-
bomben
Kaminanzünder
Kamm
Make-up-Pinsel
Holzkohle
Schallplatte
Zange
Wimpernzange
Hai
Klettergurt
Krüge
Brennschere
Batterie
Tusche
Isolierband
Flachmann
Bierfass
feuerfeste Decke
Backblech
Wasserkessel
Laubsäge
Harz
Schuh
Kaffee
Säge
Ausrollwanne
Sieb
Stein
Laubgebläse
Bohrer
Lidschatten-
Applikator
Plattenspieler
Geschäftsanzug
Summer
Klammergerät
Reibe
schwerer Bohrer
aufblasbares
Schlauchboot
Schraubenzieher
Raketenflughelm
Schlagsahne
Büstenhalter
Emailpfanne
Lochsägen-
bohraufsatz
Alufolie
Massentreiber-
Geschütz
Gitarrensaite
Nagel
Dartscheibe
wasserdichte
Taschenlampe

Register

26

2

65

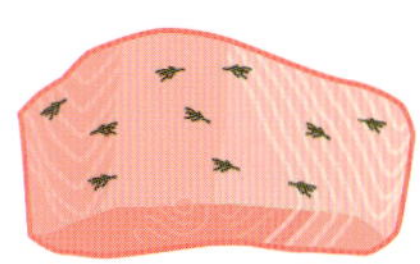
60

13

g-h-i

j-k-l

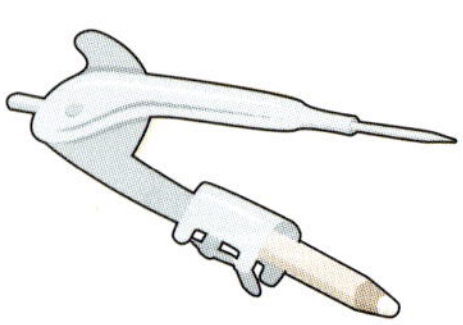
21

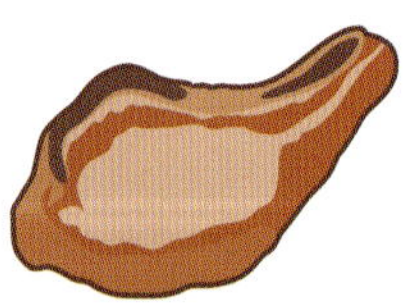
60

1

88

15

118

150

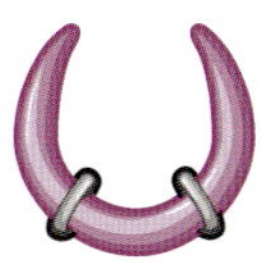
89

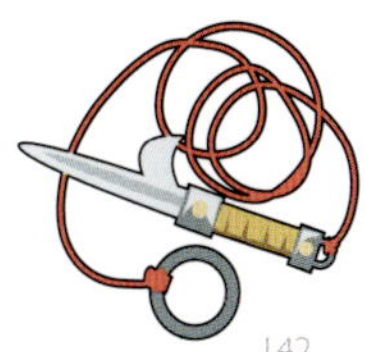
142

135

115

127

98

76

44

Moewig ist ein Imprint der Edel Germany GmbH

www.moewig.de | www.edel.de

Originaltitel: How to be Cool: The Handbook for the Ultimate Hipster
Autorin Frances Reade

Projektkoordination: Bettina Snowdon
Produktion der deutschsprachigen Ausgabe:
Print Company Verlagsges.m.b.H., Wien
Übersetzung für Print Company: Manfred Wolf

ISBN 978-3-86803-392-2

Printed in China by 1010

Besonderer Dank gilt:

Storyboarder
Sam Belletto, Alan Dap, Sarah Duncan, Kenneth Holland, Jonathan Shariat, Jamie Spinello, Brandi Valenza

Spezialisten Illustration
Hayden Foell, Raymond Larrett, Jamie Spinello, Ross Sublett

Unterstützung Redaktion und Recherche
Ben Bracken, Lou Bustamante, Marc Caswell, Michael Alexander Eros, Justin Goers, Emelie Griffin, CJ Harris, Dave Jensen, Susan Jonaitis, Arrash Moradi, Mike Sheofsky, Marisa Solis

SHOW ME NOW™

A **Show Me Now** Book.
Show Me Now is a trademark of Weldon Owen Inc.
www.showmenow.com

ILLUSTRATIONEN Das Artwork in diesem Buch war Teamarbeit. Wir möchten uns bei unseren Illustratoren bedanken.

Cover vorn: **Gabhor Utomo:** Zwangsjacke, Schallplatte **Tina Cash-Walsh:** Irokese

Cover hinten: **Juan Calle (Liberum Donum):** Alligator **Mary Zins:** Würfel **Gabhor Utomo:** Fallschirmspringer **Raymond Larrett:** Roboter

Schlüssel Hg=Hintergrund, ex=Extra Art

Steve Baletsa: 35–37 **Juan Calle (Liberum Donum):** 1–2 Hg, 6, 9 17–18, 39–40, 48–49, 101, 110, 113–114, 123, 129–133, 136–144, 149–151 **Tina Cash-Walsh:** 8, 10, 19–20, 28, 33, 42, 79–81, 93–95 **Sarah Duncan:** 86, 92 **Hayden Foell:** 13, 46 Hg, 68–69 **Britt Hanson:** 11–12, 55, 58, 80–81 Hg, 82, 96, 106 Hg, 111–112 ex **Jessica Henry:** 34, 44 **Pilar Erika Johnson:** 38, 73–74 **Vic Kulihin:** 53–54, 67, 77, 99–100, 106–107, 125–128 **Raymond Larrett:** 15–16, 57, 63–66, 73 ex, 76, 84, 108–109, 135 **Christine Meighan:** 7, 21–22, 25, 27, 59–60, 78, 118–120 **Barbara Smullen:** 46 **Jamie Spinello:** 85 **Ross Sublett:** 87 **Bryon Thompson:** 61–62, 70–72, 89, 103 **Otis Thomson:** 14, 115 **Taylor Tucket:** 102 **Gabhor Utomo:** 3–5, 29–32, 41, 43, 45, 50–52, 56, 83, 88, 90–91, 104–105, 117, 118 Hg, 121–122, 124, 145–148 **Mary Zins:** 1–2, 23–24, 26, 47, 75, 98, 111–112, 116, 134

Schlussbemerkung

Hallo, Sie da!

Ja, genau Sie. Gibt es etwas Tolles, das in diesem Buch hätte sein sollen? Verfügen Sie über besondere Fertigkeiten, die Sie mit dem Rest der Welt teilen möchten? Haben wir etwas nicht ganz so gut hinbekommen? Dann lassen Sie es uns wissen!

Wir freuen uns immer über Post von unseren hochtalentierten Lesern. Schicken Sie uns Ihre Ideen, Anregungen oder auch Fotos und Videos, in denen Sie Ihre Fertigkeiten zur Schau stellen (nichts allzu Gefährliches!), und vielleicht sind auch Sie dann im nächsten So-geht-das?-Buch vertreten.

Also dann, hoffentlich bis bald!

www.showmenow.com

ATTN: SHOW ME TEAM
Weldon Owen Inc.
415 Jackson Street
San Francisco, California 94111